Eugène Lerminier

La Presse légitimiste depuis 1789

Suivi de : La Presse politique

ISBN : 978-1976475856

10 9 8 7 6 5 4 3 2 1

Eugène Lerminier

La Presse légitimiste depuis 1789

Suivi de : La Presse politique

Table de Matières

La Presse légitimiste depuis 1789

Les causes de la révolution française furent profondes et lentement amassées par le temps ; mais l'explosion fut soudaine, et les phases diverses de cette grande péripétie eurent quelque chose d'imprévu et de fatal. Les évènements surprirent et menèrent les hommes. Quelques mois, quelques jours suffisaient alors pour changer les rôles, pour briser les partis, pour élever quelques hommes obscurs sur les ruines de ceux qui la veille étaient pour le peuple des idoles et des chefs. Quand le 5 mai 1789, Louis XVI ouvrit les états-généraux à Versailles, la royauté paraissait puissante et populaire ; l'année ne s'était pas écoulée, qu'on put voir la royauté compromise, puis désarmée, enfin perdue. Tout était entraîné, enveloppé, les amis comme les adversaires de l'indomptable révolution, qui cependant rencontra, dès le début, d'éloquents et courageux ennemis. C'est la destinée des grandes causes d'exciter la haine au même point que l'enthousiasme ; aux idées nouvelles et fortes s'attachent toujours des passions ardentes, soit pour les propager, soit pour les combattre.

Il est possible aujourd'hui de jeter un regard tranquille sur la succession des écrivains politiques qui résistèrent aux principes nouveaux. Les tourmentes dont furent battus nos pères sont bien loin, et nous pouvons en parler comme nous ferions des temps de Marius et de Sylla. Quant à la polémique des légitimistes contemporains, nous ne saurions lui reconnaître la puissance de nous rendre la justice difficile.

C'est avec l'esprit de Voltaire que la cause des anciennes institutions fit face aux premières nécessités de la défense et de l'attaque. Nous n'énonçons pas ici un paradoxe, mais un fait. La dictature intellectuelle de l'auteur de l'*Essai sur les mœurs et l'esprit des nations* était dans toute sa force quand, à la fin du dernier siècle, les passions politiques s'allumèrent si vivement parmi nous. Voltaire régnait partout, à la cour non moins que dans la bourgeoisie : il avait fait des idolâtres jusque dans le clergé. La moitié de la noblesse était imbue des opinions de Voltaire, qui n'avait jamais attaqué ni le trône ni l'aristocratie, mais seulement l'église. Dans les rangs des novateurs, Voltaire était une autorité souveraine pour tous ceux que n'avait pas subjugués Jean-Jacques. L'esprit de Voltaire planait donc à la fois sur les deux camps ennemis de l'ancien régime et de la révolution : c'est une gloire assez piquante.

L'arme dont Voltaire s'était si puissamment servi contre l'église, de jeunes écrivains voulurent la tourner contre la révolution. On entreprit de ruiner la liberté par la liberté par le ridicule. Il y avait alors dans les salons de Paris, un jeune auteur auquel ne manquaient ni la réputation ni les ennemis : c'était Rivarol, causeur étincelant, plume ingénieuse. Il s'était déjà moqué de tous ses contemporains indistinctement dans un écrit satirique qu'il avait intitulé *Le petit Almanach de nos grands hommes* ; il s'était aussi fait connaître par des essais plus sérieux et dignes d'estime, de façon que les évènements imprévus de 1789 le trouvèrent armé pour la lutte, ayant un talent exercé, et une verve de malice qui cherchait partout des victimes. Rivarol se disait de sang noble ; mais on murmurait autour de lui qu'il était le fils d'un cabaretier. Il voulut peut-être prouver sa noblesse en se jetant avec ardeur, dès les premiers jours, dans les rangs des ennemis de la révolution. C'était aussi une vive séduction pour un talent qui avait conscience de sa vigueur, que l'audacieuse entreprise de lutter contre l'impulsion commune qui paraissait irrésistible. Un jour, Diogène entrait au théâtre quand le peuple en sortait ; on s'étonnait de sa conduite, et il répondit « qu'il ne faisait là que ce qu'il avait fait toute sa vie. » Il allait contre la foule. Or, parfois ces réactions courageuses ne tentent pas moins l'ambition des gens d'esprit que celle des grands caractères.

Rivarol a revendiqué l'honneur d'avoir été, dans la presse, le premier adversaire de la révolution. « On sait en France, a-t-il écrit quelque part, que j'ai attrapé l'assemblée constituante sur le fin du mois de juin 1789, près d'un an avant tous ceux que ses excès ont convertis, près d'un an avant M. Burke, comme il l'a reconnu lui-même dans une lettre imprimée à Paris en 1791. » En effet, dans le *Journal politique et national*, Rivarol se fit l'historien des évènements de la révolution à mesure qu'ils s'accomplissaient. Les articles réimprimés de Rivarol forment un volume qui se termine par le récit des journées des 5 et 6 octobre. Le style de Rivarol est clair, rapide, véhément. C'est avec passion que l'historien journaliste caractérise les faits et les hommes ; il met sous les yeux de Paris le tableau quotidien de ses actes et de ses excès. Il prend la capitale à partie ; il lui dit qu'elle a agi contre ses intérêts en adoptant des formes républicaines, qu'elle a été aussi ingrate qu'impolitique en écrasant cette autorité royale à qui elle doit et ses embellissements et son accroissement prodigieux. Voici comment Rivarol peint le Palais-Royal de 1789 : « La postérité demandera peut-être ce que fut ce Palais-Royal dont nous parlons si souvent, et qui entretient aujourd'hui des communications si intimes et si sanglantes avec la place de Grève. Nous dirons en peu de mots que le Palais-Royal fut le berceau du despotisme sous Richelieu, le foyer de la débauche sous la régence, et que, depuis cette époque, tour à tour agioteur et politique, il est devenu comme la capitale Paris. Dans une ville corrompue, ce jardin s'est distingué par la corruption. Telle a été son influence dans la révolution actuelle, que si on eût fermé ses grilles, surveillé ses cafés, interdit ses clubs, tout aurait pris une autre tournure. En ce moment, ses galeries sont des *chambres ardentes,* où se prononcent des sentences de mort, et ses arcades, où l'on étale les têtes des proscrits, sont les *gémonies* de la capitale. La liberté, si elle est le fruit de la révolution, ne pouvait avoir de berceau plus impur. » Violent contre les passions révolutionnaires, Rivarol jugeait avec sévérité les fautes de la cour et les longs excès du gouvernement monarchique. Il s'abandonnait à toute l'indépendance de sa verve, et c'est de la meilleure foi du monde qu'il écrivait un pamphlet ardent, coloré, qui à plus de cinquante ans de distance vous émeut et vous entraîne par l'impétueuse décision de ses allures.

Il est des esprits heureux qui savent mêler l'enjouement à la gravité. Ils servent leurs opinions non-seulement par des travaux sérieux, mais par une gaieté inépuisable ; ils combattent en riant. Tel était Rivarol. Il ne lui suffisait pas d'écrire l'histoire contemporaine avec cette rapidité lumineuse qui est une des meilleures qualités de l'école de Voltaire, il avait aussi quelque chose de la puissance facétieuse de l'auteur de *Candide,* et il avisa comment il pourrait lancer contre le parti de la révolution tous les traits mordants et cruels que lui fournissait sa verve. Il avait d'ailleurs des amis tout prêts à mettre en commun leur colère et leurs bons mots. Un pamphlet collectif reçût le titre assez irrévérencieux d'*Actes des Apôtres.* Les royalistes imitèrent Voltaire : à leurs yeux, la révolution française était comme une religion dont ils voulurent faire une critique railleuse. Les *Actes des Apôtres* eurent pour principaux rédacteurs, avec Rivarol., le chevalier de Champcenetz, officier aux gardes françaises, maniant avec la même audace la plume et l'épée, Peltier de Nantes, le vicomte de Mirabeau, qui s'était fait du sarcasme une étude pour pouvoir se défendre contre la monstrueuse supériorité de son frère. Les rédacteurs des *Actes des Apôtres*, qui ne signaient point leur feuille, mais dont Paris savait les noms, s'annoncèrent plaisamment comme voulant défendre l'assemblée constituante contre les aristocrates. Ayant une fois pris ce tour ironique, ils se mirent à tout attaquer dans la cause de la révolution, les doctrines et les hommes, les talents et les réputations, non moins que les principes. Dans cette immolation universelle, les têtes les plus illustres furent les plus frappées. Lafayette, Mirabeau, Barnave, eurent l'honneur des plus rudes atteintes. Que de pasquinades à l'adresse de Target et de Chapelier ! On peut juger si on épargnait l'abbé Sieyès et l'évêque d'Autun. Tout ce que les mœurs nouvelles, si brusquement improvisées par notre régénération sociale, pouvaient avoir d'étrange, d'impoli, de ridicule, devenait l'objet d'une raillerie impitoyable. Toutes les formes étaient employées : tantôt c'étaient des lettres trouvées dans la poche d'un aristocrate, et qu'on publiait pour avertir la nation des périls qui la menaçaient ; tantôt les facétieux rédacteurs parodiaient des scènes de Racine et de Voltaire, des vers de Gilbert et de Boileau. C'était un déluge d'impromptus et d'épigrammes, par lesquels ces tirailleurs royalistes harcelaient l'armée révolutionnaire.

La philosophie du siècle avait tellement pénétré partout, que nous trouvons dans les *Actes des Apôtres* non-seulement l'empreinte de Voltaire, mais aussi l'apologie de Rousseau. Parfois, aux diatribes plaisantes qui faisaient le fond du recueil, on mêlait des morceaux sérieux. C'est dans un de ces derniers fragments que Rousseau est défendu avec chaleur. On y soutient qu'il serait injuste d'imputer à l'auteur du *Contrat social* les fautes de l'assemblée constituante et les excès de la révolution. C'est, au contraire, l'infidélité des nouveaux législateurs aux leçons de liberté, données par Jean-Jacques qui les a précipités dans tant d'écarts. « Quelle éternité prépare-t-on à Rousseau, s'écrie son apologiste, en le faisant passer à la postérité, comme chef d'une révolution de sang et comme fondateur d'un gouvernement absurde ! Et quel est celui qui désirera vivre dans le souvenir des hommes, si le crime peut impunément se couvrir du nom sacré de la vertu, et l'ineptie en délire donner ses rêves pour des arrêts du génie ? » Ainsi, Rousseau était pour des écrivains royalistes une autorité souveraine, tant alors le parti qui combattait l'esprit nouveau marchait au hasard ! Il n'y avait pas du côté des royalistes d'école politique, mais des talons variés suivant des directions souvent contraires. L'unité de doctrines et la conséquence dans les principes étaient plutôt chez les novateurs que chez leurs adversaires.

Il était naturel qu'en face des opinions extrêmes de l'assemblée constituante les royalistes cherchassent à les réfuter en s'autorisant de l'exemple de l'Angleterre. Depuis qu'on avait lu l'admirable esquisse qu'avait tracée Montesquieu de la constitution anglaise, beaucoup d'esprits cultivés et pénétrants s'étaient mis à étudier la pratique que faisaient nos voisins de la liberté, et, sans trop se rendre compte de l'avenir, ils caressaient l'espérance de voir la France un jour s'initier à la vie politique par d'utiles emprunts à l'expérience des Anglais ; mais, commencée par le peuple, la révolution de 1789 ne pouvait, dès les premiers moments, se limiter et se pondérer elle-même, et l'imitation de l'Angleterre fut dédaigneusement repoussée. C'est alors que les royalistes se firent de la constitution anglaise une arme contre les théories exclusivement démocratiques. « Le grand art de la constitution anglaise, sa grande force, écrivait-on dans les *Actes des Apôtres*, vient de ce qu'on a tellement organisé tous les pouvoirs, qu'ils se balancent au point qu'il est impossible que l'un puisse dominer l'autre. » C'est aussi les yeux fixés sur l'histoire d'Angleterre que Bergasse censurait la constitution nouvelle Dans le *Mercure politique*, Mallet-Dupan s'était attaché, dès 1788, à démontrer l'excellence du gouvernement anglais ; il défendait avec la plume du publiciste les opinions que Mounier et Mallouet soutenaient à la tribune. Enfin, en Angleterre même, un orateur et un écrivain de génie, Edmond Burke, se mit à attaquer notre révolution, la *grande charte* à la main, et, par une polémique pleine d'éclat, il fit comprendre à l'Europe entière quel génie différent les deux peuples portaient dans leurs expériences politiques.

Cependant la cause de la vieille monarchie française n'était pas défendue en vertu des principes qui en étaient le fondement. Louis XVI avait trouvé de courageux avocats jusqu'au pied de l'échafaud, et le gouvernement séculaire dont il avait été le dernier représentant s'écroulait sans qu'une voix s'élevât afin d'en tenter l'apologie. Pour l'honneur de la nature humaine, ce silence ne dura pas. Il y a dans les catastrophes historiques, dans la chute des grands établissements, dans le spectacle de leurs ruines, quelque chose qui agite l'esprit, le remue, le féconde. Il est frappé, mais non pas accablé. Deux hommes, au moment où la civilisation monarchique de la France périssait au milieu des tempêtes, se prirent d'enthousiasme pour elle ; ils voulurent venger tout ce passé, et en célébrer la sagesse antique et profonde. En 1796, M. de Bonald publia à Constance un traité politique en trois volumes ayant pour titre : *Théorie du Pouvoir politique et religieux*. En 1797 paraissaient à Bâle et à Londres les *Considérations sur la France*, de M. de Maistre, livre d'une brièveté éloquente. Presque toute l'édition de l'ouvrage de M. de Bonald fut envoyée en France et saisie par la police du directoire, qui la mit au pilon. Tandis que M. de Bonald se voyait privé aussi cruellement d'une publicité qui eût été utile à sa cause et à sa gloire, les *Considérations* de M. de Maistre étaient entre les mains de tous les hommes d'élite de l'Europe, et commençaient la réputation de cet énergique penseur. Elles sont trop connues pour nous songions à en parler ici, et il est juste d'ailleurs de réserver toute notre attention à l'ouvrage de M. de Bonald, qui, on peut le dire, paraît en ce moment pour la première fois. En 1796, la *Théorie du Pouvoir* n'eut guère que deux ou trois lecteurs, M. Necker, Laharpe et M. De Chateaubriand.

L'histoire de l'ancienne monarchie française est peut-être celle qui a le plus inspiré de théories aux publicistes et aux écrivains politiques. Il suffit de citer les noms de Boulainvilliers, de l'abbé Dubos, de Mably et de Montesquieu, pour rappeler les principaux systèmes que jusqu'en 1789 avait enfantés notre histoire. Dans nos annales, les faits constitutifs de l'ordre social, l'église, la monarchie, les parlements, la noblesse, se produisent sous des formes si saillantes, qu'ils ont pu tour à tour devenir le point central d'une explication systématique des évènements. Toute révolution témoigne que le peuple chez lequel elle éclate est arrivé à mépriser son histoire et son passé. Ce mépris inexorable provoque à son tour un enthousiasme qui ressemble au fanatisme et dont les vieilles institutions sont l'objet. C'est ce dernier sentiment qui fut, pour ainsi parler, en 1796, la muse de M. de Bonald, et cette fois la prédilection de l'écrivain ne s'attacha seulement à telle ou telle partie de notre ancien ordre social ; M. de Bonald embrassa l'ensemble pour l'élever à la valeur d'un système parfait, de la vérité absolue.

Le gouvernement monarchique royal, pour employer les expressions même de l'auteur, voilà le type que lui fournit le passé de la France et auquel il compare toutes choses. Il tire de notre ancienne histoire des principes dont il s'arme pour contrôler les institutions et les annales des autres peuples. La science historique de M. de Bonald en 1796 était assez restreinte. Quand il parle de la monarchie française, il cite presque toujours le président Hénault, et c'est appuyé uniquement sur l'autorité de Bossuet qu'il juge les Juifs, les Grecs, et les Romains. Le mérite de M. de Bonald n'est donc pas l'érudition, son originalité est tout entière dans la logique mordante et forte avec laquelle il commente les faits que lui livrent deux ou trois historiens. M. de Bonald institue aussi volontiers des discussions avec Montesquieu ; il aime beaucoup à croiser le fer avec l'auteur du *Contrat social*. C'est un hardi lutteur.

« Je reconnais en politique une autorité incontestable, qui est celle de l'histoire, » dit à la fin du second volume de la *Théorie du Pouvoir* M. de Bonald, et il déclare se soumettre aux principes établis par les faits. Cette méthode est excellente ; seulement il faut l'appliquer dans toute son étendue. Or, l'erreur dans laquelle tombe ce vigoureux esprit est de scinder l'histoire et de n'en prendre que ce qui convient à ses passions. Depuis bientôt quatre siècles, quel est le fait fondamental qui sépare de plus en plus du moyen-âge l'Europe moderne, si ce n'est l'empire toujours croissant de la réflexion et de la théorie appliquées au gouvernement des sociétés ? Auparavant l'esprit de l'humanité se traduisait presque uniquement par la naïveté des mœurs, des coutumes et des instincts plus tard par une évolution nouvelle, il fit le double effort de se replier sur lui-même, et d'employer les forces qu'il avait ainsi recueillies à la recherche du bonheur et de la liberté : labeur immense signalé depuis plusieurs siècles par de grandes chutes et de cruels revers, mais labeur qui fait la gloire de l'homme, dût-il n'avoir pas épuisé pour l'avenir des disgrâces et ses fautes. C'est ce travail que méconnaît entièrement M. de Bonald. Les faits nouveaux qui ont été la conséquence de ce mouvement de l'esprit humain sont à ses yeux que crimes et folies. Il triomphe des écarts et des erreurs dans lesquels sont tombées des nations libres comme l'Angleterre et la France pour condamner les principes qui les ont inspirées. Cependant tout ce qui émeut si fort la bile de M. de Bonald n'est pas moins partie intégrante de l'histoire que les vieilles Institutions qu'il idolâtre. C'est le devoir de l'écrivain politique de juger avec fermeté les effets de l'intervention de l'esprit philosophique dans les affaires humaines. Si son intelligence a toute la hauteur et toute l'intégrité nécessaires, il tiendra compte des difficultés du début, il fera la part de l'inexpérience inséparable de la première explosion des théories, il marquera les causes des succès et des naufrages, afin que l'avenir profite de la leçon, afin que ceux qui viendront après nous puissent, dans les voies, qu'ils trouveront tracées, s'amender et s'affermir.

Tel n'était pas le but de. M. de Bonald. Il voulait en 1796 persuader à la France que la philosophie conduit infailliblement à l'athéisme, comme le gouvernement philosophique, c'est-à-dire la division et l'équilibre des pouvoirs, ou le gouvernement représentatif, aboutit nécessairement à l'anarchie. A l'entendre, la France, si elle voulait échapper à une ruine irréparable, devait rejeter violemment les principes nouveaux pour retourner au culte de la monarchie pure. L'inflexible écrivain n'admet pas de tempérament ; en dehors de la monarchie, il ne reconnaît pas de société politiqué vraiment, constituée, pas plus qu'à ses yeux il n'y a de religion, là où l'église catholique ne domine pas. Les idées principales qui conduisent M. de Bonald à de telles conséquences sont fort simples. Dieu et l'homme, les esprits et les corps, sont les êtres sociaux, éléments de toute société. Dieu est volonté, amour et force ; l'homme, comme Dieu, est intelligence et volonté, amour, force ou puissance. Il y a société entre Dieu et l'homme : leurs rapports constituent les lois fondamentales, qui sont une religion publique, un pouvoir unique, des distinctions sociales permanentes. Sous ces formules générales, nous retrouvons le catholicisme, la monarchie et la noblesse. M. de Bonald définit la société civile la réunion de la société politique et de la société religieuse. La société politique vraiment constituée ou la monarchie est conforme aux vues de la religion, qui ne se sert du pouvoir que dans l'intérêt le plus général, car elle ne veut que l'homme se préfère à son semblable. En d'autres termes, comme le dit expressément M. de Bonald, la monarchie est l'instrument de la religion.

Considérons un moment comment l'auteur de la *Théorie du Pouvoir* établit la religion à la tête de toutes les affaires et de toutes les idées humaines. A ses yeux, la plus grande force de la religion, son véritable titre, est d'être un sentiment et non pas une opinion. C'est parce qu'elle est un sentiment qu'elle se traduit en faits et en habitudes, et, selon M. de Bonald, ce sont les habitudes et non les opinions, les souvenirs et non les raisonnements, les sentiments et non les pensées, qui constituent l'homme religieux et politique ; le gouvernement et la religion. Aussi loue-t-il Bernardin de Saint-Pierre d'avoir dit : « Je suis parce que je *sens* et non parce que je *pense.* » Il y a dans tout cela un mélange d'aperçus justes et de jugements faux qu'il importe de débrouiller. Oui, la religion, se manifeste d'abord chez l'homme par le sentiment ; un instinct irrésistible pousse l'homme à chercher quelque chose qu'il puisse aimer et vénérer. Quand il croit avoir fait cette conquête, il s'y attache avec amour, et, suivant une parole d'Origène, ce que l'homme aime par-dessus toute chose devient Dieu pour lui. Voilà le fondement de la puissance de la religion ; elle s'empare du cœur, et c'est par là qu'elle règne longtemps sans contradiction sur les volontés humaines. Cependant ce long acte de foi n'épuise pas l'activité de l'homme : après avoir satisfait le cœur, il éveille l'esprit, et c'est alors qu'on voit se produire non-seulement, les opinions, comme le pense M. de Bonald, mais les idées. La vérité est l'éternelle ambition de l'intelligence. Ni les émotions du cœur, ni les enchantements de l'imagination, ne sauraient distraire ou apaiser cet insatiable désir qui pousse l'homme à la recherche des principes et des causes. Savoir est un besoin qui n'est ni moins vif ni moins profond que croire et aimer. Pour l'homme comme pour le genre humain, il arrive un moment où ils portent un œil sévère sur les objets offerts à leurs affections et à leur foi. Ils veulent voir les choses à nu ; ni les affirmations les plus triomphantes, ni les dogmes les plus impérieux, ne les persuadent ou les intimident ; ils entreprennent de tout juger par eux-mêmes. Il serait bien imprudent de prétendre que cette maturité de l'homme et du genre humain est mortelle à la religion. Telle est cependant la conclusion où nous conduit M. de Bonald, quand il nous montre la société religieuse et politique compromise et menacée par la pensée et le raisonnement. M. de Bonald ne s'en est pas aperçu, mais il a en partie élevé son système sur cette boutade de Rousseau. *L'homme qui pense est un animal dépravé.*

L'histoire jusqu'au XVIe siècle est, aux yeux de l'auteur de la *Théorie du Pouvoir*, le développement régulier des principes qu'il a posés. Il esquisse à grands traits, et avec une notable vigueur, la mission et les destinées du christianisme, la venue de Jésus-Christ, les progrès de la religion. Il a des pages énergiques sur les croisades, sur le mahométisme, sur les ordres monastiques, sur les effets de l'autorité des papes. Nous remarquerons en passant qu'en 1796 M. de Bonald n'avait pas sur le pouvoir pontifical les opinions d'un ultra-montain, mais celles d'un gallican. Après avoir établi que l'infaillibilité n'appartient pas au pape, mais à l'église en corps, il ajoutait : « Ce sont les vrais principe, et c'est la doctrine de l'église de France. Aussi il est essentiel d'observer que les justes droits du Saint-Siège sont plus affermis en France que dans aucun autre royaume de la chrétienté, parce que son autorité y est renfermée dans de justes bornes »-Trente-trois ans plus tard, en 1289, M. de Bonald ne jugeait plus avec la même rectitude les rapports de l'église et de l'état : à cette époque, il écrivait à M. de Frenilly que les libertés de l'église gallicane, *qu'on a exhumées de la poussière des écoles*, ont toujours merveilleusement servi à ceux qui ont voulu opprimer l'église, à la magistrature, à Bonaparte. En 1829 comme aujourd'hui, il était de bon goût dans un certain monde d'excommunier les libertés de l'église gallicane : temps de, vertige au reste pour le parti royaliste non moins que pour le clergé, temps où Ion voyait des archevêques imprimer dans leurs mandements que, combattre le ministère Polignac, c'était ne vouloir ni monarchie ni christianisme.

Dès que Luther parait dans l'histoire, la colère de M. de Bonald s'allume, et elle l'emporte jusqu'à la comparaison du réformateur avec Mahomet. Comme le prophète des Arabes, l'apôtre de Wittenberg a répandu sa doctrine par l'intérêt, la volupté et la terreur. Le divorce, introduit par le protestantisme, est déclaré par le publiciste catholique une polygamie plus funeste, plus destructive de la société religieuse et politique que celle de l'Orient. Ne nous étonnons pas de sa haine conte la réforme ; il y voit la cause de la révolution. Or les principes de 1789, la réforme et la philosophie, ne peuvent qu'engendrer l'anarchie et l'immoralité : Devant ces exagérations, devant ces colères, une réfutation sérieuse est inutile. Il y a cinquante ans qu'écrivait M. de Bonald, et, depuis cette époque, les faits ont répondu à tous ces anathèmes. C'est une excellente polémique que l'action du temps. Nous ne prétendons pas que la réponse soit complète, car à nos yeux, la civilisation sortie de la réflexion et de la philosophie moderne est jeune et non pas décrépite. Aussi là où plusieurs signalent d'irréparables naufrages, nous ne voyons que des chutes dont on se relève. Seulement ni les malédictions des uns, ni l'impatience des autres, ne sauraient retarder, ou accélérer d'un jour la course marquée du genre humain.

Quand un livre a reçu l'empreinte profonde des passions de l'époque où il a été conçu, il offre un intérêt puissant qui le fait vivre. L'ouvrage de M. de Bonald a ce mérite avec plusieurs autres. Théoricien vigoureux, l'auteur anime ses abstractions par l'ardeur de ses sentiments. C'est en face de la démocratie, triomphante qu'il célèbre les vieilles institutions et en tire tout un système ; au fanatisme républicain il oppose le culte monarchique avec audace, avec enthousiasme : exaltation généreuse, car elle avait ses périls. Lorsque plus tard, sous l'empire et sous la restauration, M. de Bonald développera les mêmes opinions et les mêmes théories, il n'aura plus cette impétuosité originale. La *Théorie du Pouvoir*, le premier en date, des ouvrages de M. de Bonald, doit prendre et garder son rang à la tête de ses œuvres. Elle est supérieure à la *Législation primitive* ; elle est écrite avec autant de logique, avec moins de sécheresse, avec plus de mouvement et de passion. La *Législation primitive* n'est, sous beaucoup de rapports, qu'une transformation de la *Théorie du Pouvoir*. Nous préférons la première forme, où la pensée de l'écrivain, son énergie, ses exagérations, ses injustices sur les hommes et sur les choses, ont un caractère plus naturel et plus naïf. Plus tard, le style de M. de Bonald sera souvent dur et terne. Ici, plus flexible même dans ses violences, il a en maint endroit un éclat qui est le reflet et la récompense des convictions inflexibles et ardentes dont était possédé l'écrivain.

Eugène Lerminier

C'était pendant les deux premières années du directoire que M. de Bonald et M. de Maistre se plaçaient comme des chefs, comme des maîtres, à la tête de la presse royaliste, et lui imprimaient un caractère d'élévation philosophique. A peu près à la même époque, des talents inférieurs, comme l'abbé Barruel[1] et le comte Ferrand,[2] attaquaient aussi les principes nouveaux avec des armes qu'ils empruntaient tant à la religion catholique qu'à l'ancien droit de la monarchie française. Mais le moment arrivait où le parti royaliste ne devait plus tant s'occuper d'écrire que de conspirer ; les intrigues eurent alors le pas sur les théories. La clôture de la convention avait relevé les espérances de la cause monarchique : on crut dans les rangs des royalistes à une restauration prochaine. La liberté de la presse existait alors sans limites, mais aussi sans garanties : les royalistes purent s'en servir pour travailler au rétablissement des Princes, et la révolution à son tour put d'un seul coup abattre ses ennemis audacieux ou perfides. Tel fut en effet le dénouement du 18 fructidor. Plus de cinquante journaux, dont les plus connus étaient *la Quotidienne, le Véridique, l'Éclair, le Postillon*, etc., attaquaient la révolution et s'autorisaient des excès de 93 pour calomnier les principes de 89 « Les journalistes conspirateurs, disait Bailleul au conseil des cinq cents, dans le rapport qu'il rédigea deux jours après le 18 fructidor, ont été le fléau de la république : ils ont prêché, soufflé dans tous les cœurs l'insubordination aux lois, la destruction, de toute morale et des réputations les mieux établies, la soif des vengeances l'exaspération des haines, l'horreur pour la république, le désir criminel de la royauté ; ils ont constamment travaillé à la dissolution du corps social. » Les écrivains royalistes de cette époque avaient entrepris de se servir de la liberté pour tuer la révolution, qui, au moment du péril, retrouva toutes ses forces et toutes ses colères. La presse avait conspiré, le pouvoir se fit proscripteur.

En s'ouvrant, le XIXe siècle vit la France entrer en possession des deux plus grands biens dont puisse jouir une société, l'ordre et la gloire. La révolution s'enracinait tant en France qu'en Europe par des institutions régulières, des lois excellentes et des victoires décisives. A ce spectacle, il y eut chez les royalistes une méprise sin-

1 *Histoire du Jacobinisme.*
2 Il préludait par quelques brochures politiques à l'*Esprit de l'Histoire*, qui parut en 1809, et à la *Théorie des Révolutions*, qui fut publiée en 1817.

gulière. Ils prirent un moment Bonaparte pour un autre Pichegru, ils s'imaginèrent avoir trouvé dans le premier consul un puissant instrument de restauration. Il est vrai que l'illusion dura peu, et elle était déjà bien dissipée quand le principal rédacteur de *la Quotidienne*, M. Michaud, écrivit les *Adieux à Bonaparte*. C'était à ses espérances que disait adieu le royaliste déçu. Il gémissait de voir que le rôle de Monck était déjà trop petit pour le glorieux général qui habitait aux Tuileries la chambre de Louis XVI, et il reconnaissait enfin qu'au 18 brumaire ce n'était pas l'ancienne monarchie qui s'était relevée, mais la république qui s'était faite homme.

Il n'y eut donc pas alors de restauration politique, mais il y eut, ce qui valait mieux, une restauration sociale. L'œuvre fut entreprise par sa base. Le consulat et l'empire organisèrent une société nouvelle et forte où furent remises en honneur en harmonie avec l'esprit de notre siècle des choses impérissables et toujours nécessaires, comme la propriété et la religion. Alors, parmi ceux qui regrettaient le passé, plus intelligents comprirent, quel parti on pouvait tirer d'une reconstruction pareille : ils se rallièrent au pouvoir nouveau, afin de travailler sous sa tutelle à rendre aux idées qui leur étaient chères une grande autorité. Le *Journal des Débats* fut le centre de ces efforts ingénieux. Là on combattait pour la religion, l'on attaquait Voltaire ; là enfin, à l'ombre de la pourpre impériale, on restaurait l'ancienne monarchie dans ce qu'elle avait de meilleur, à savoir la grandeur littéraire et morale du XVIIe siècle. Quant à la race de Louis XIV, qui eût osé en souhaiter hautement le retour en face de Napoléon victorieux ? On pouvait dans l'intimité médire du conquérant ; il circulait même dans quelques salons des épigrammes contre le triomphateur. C'était tout : on n'allait pas plus loin. Il y avait dans l'empereur je ne sais quoi de redoutable qui glaçait le courage des plus hardis.

Mais aussi, quand César fut tombé, quel déchaînement ! que d'injures, que de calomnies accompagnèrent sa chute ! Il est triste de lire les journaux de 1814 et de 1815 et d'y voir toutes les misères, toutes les bassesses qui les remplissent. Les grandes catastrophes, en accablant le génie, précipitent aussi une foule d'hommes dans un étrange avilissement. Ces hommes s'acharnent sur celui qu'ils avaient adoré, et ils ne savent par quels outrages expier leur idolâtrie. Joignez à cette explosion d'invectives et de colères les folies de certains royalistes l'intention avouée de rétablir les privilèges de la noblesse et de revenir un jour sur la vente des biens nationaux, la proscription des protestants dans le midi, la création de suspects divisés en catégories, la fureur des réactions, et vous aurez une faible image tant de la presse légitimiste que de l'état du pays à cette funeste époque. Enfin Louis XVIII prononça la dissolution de la chambre de 1815. Il était temps : les cabinets étrangers s'effrayaient eux-mêmes de la démence de ces forcenés qui, au lieu de rétablir l'ordre en France, y jetaient des ferments de guerre civile.

L'ordonnance du 5 septembre 1816 inaugura pour les divers partis une époque, régulière où ils purent lutter les uns contre les autres avec les armes' que leur fournissait la constitution. Quelques jours après, apparition de cette ordonnance, de Chateaubriand publia son livre *de la Monarchie selon la charte*, qui, dit-il lui a fait prendre rang parmi les publicistes. Assurément cet écrit valait mieux que le triste pamphlet de *Buonaparte et des Bourbons* : là du moins aux passions les plus vives de son parti l'éloquent royaliste associait des instincts généreux et quelques notions de liberté ; il commençait ainsi la campagne qu'allaient faire l'un contre l'autre le parti de la légitimité et le parti libéral. Le premier eut pour interprète *le Conservateur*, le second *la Minerve*. M. de Chateaubriand était à la tête des royalistes ; Benjamin Constant brillait parmi les libéraux : notable lutte de principes et de talents, qui ouvrait une carrière nouvelle à la littérature politique.

Les royalistes n'eurent pas à regretter de s'être essayés à la pratique des institutions nouvelles, tant à la tribune qu'à la presse, car ils durent en partie leur retour au pouvoir à la tactique parlementaire de M. de Villèle et à la plume de M. de Chateaubriand. C'est ici le lieu de parler de quelques intrigues ourdies dans l'ombre. Les chefs du côté droit et même les hommes le plus en faveur auprès du frère de Louis XVIII avaient compris qu'il leur serait impossible de se saisir du gouvernement, s'ils continuaient d'être suspects au roi. Louis XVIII ne les aimait pas ; ils avaient à ses yeux le tort d'être plus royalistes que lui, et de prétendre savoir mieux que le roi comment il fallait affermir la monarchie. Toutefois plusieurs fautes du parti libéral, l'éclat jeté par la presse royaliste, l'attitude de la chambre des pairs qui se montrait effrayée des progrès de l'opinion démocratique, l'âge enfin et des infirmités croissantes, avaient insensiblement modifié les dispositions et l'humeur du roi. Aussi, au milieu de l'été de 1821, le moment fut trouvé favorable pour travailler activement à substituer aux anciennes opinions du roi d'autres opinions, à ses vieilles sympathies d'autres préférences, pour le réconcilier enfin tant avec son frère qu'avec les royalistes les plus éminents. Il se joua alors autour de Louis XVIII une sorte de comédie politique dont les principaux personnages furent M. le vicomte de La Rochefoucauld avait, sous la restauration, une position triomphante. Favori de M. le comte d'Artois, idole du faubourg Saint-Germain, ce jeune seigneur n'arrêtait pas là sa visée : il voulait devenir un homme politique et diriger la monarchie. Il se donna un mouvement infini pour faire monter au pouvoir M. de Villèle, qu'il eut la prétention d'inspirer quand le député de la Haute-Garonne fut devenu président du conseil. M. de La Rochefoucauld ne se proposa aussi rien moins que d'absorber toute la presse au profit de la cause royaliste ; les plus hardis projets ne lui faisaient as peur : malheureusement, on pensait autour de lui qu'il avait plus de zèle que d'adresse, et de son côté l'ambitieux vicomte put crier à l'ingratitude. Mais revenons en 1821. A cette époque, il s'agissait de reconstruire par ses fondements la fortune du parti royaliste, en changeant le cœur du roi. Pour atteindre ce but, on revint aux traditions de la cour de France ; on donna au roi une amie. Quand Mme la comtesse du Cayla vit pour la première fois Louis XVIII, c'était à propos d'affaires de famille dans lesquelles, d'après les conseils de ses amis, elle réclamait la haute intervention du roi. Bientôt ce fut pour des affaires politiques qu'on travailla à établir la faveur de la comtesse auprès du monarque, qui prit facilement goût à la conversation et à la grâce d'une femme aimable et douce. Mme du Cayla était conduite et appuyée dans cette situation délicate par M. le vicomte de La Rochefoucauld, qui lui garantissait la bienveillance de Monsieur. Seulement il fallait la mériter en rapprochant les deux frères. Mme du Cayla sut y réussir, et dès-lors elle put compter sur la protection de M. le comté d'Artois, qui la défendit même contre quelques attaques parties de la petite cour du pavillon Marsan. Après ce premier succès, on demanda de nouveaux efforts à la comtesse ; il fallait convaincre Louis XVIII de la nécessité de confier le pouvoir aux chefs du parti royaliste. C'était cette fois trancher ouvertement de la femme po-

Eugène Lerminier

litique, et Mme du Cayla était effrayée de tant d'audace. Dans une démarche aussi importante, elle fut encouragée par un prêtre habile, l'abbé Liautard, qui possédait toute la confiance de M. de La Rochefoucauld. Du fond du collège Stanislas, M. Liautard exerçait sur les intrigues et les déterminations du parti royaliste une sorte de puissance occulte. Dans le parti, l'ardeur de son dévouement et de ses convictions n'était mise en doute par personne ; beaucoup estimaient ses lumières, plusieurs craignaient ses témérités. C'est plein d'une sincérité fanatique que l'abbé Liautard confondait la cause de la religion avec celle du parti royaliste ; à ses yeux, pour anéantir les principes de la révolution, pour renverser les libéraux, pour ôter toute influence aux doctrinaires comme M. Royer-Collard, et aux politiques modérés comme M. Pasquier, tout devenait légitime, tout s'épurait, les moyens les plus violents comme les plus profanes. Après avoir adressé une longue lettre à Louis XVIII où elle avait fidèlement exprimé tout ce qu'on lui avait suggéré, Mme du Cayla tremblait à la pensée de revoir le roi. Pour la rassurer, M. Liautard lui écrivait : « Vous serez grondée, madame ; baissez la tête, humiliez-vous profondément, donnez-vous tous les torts possibles ; l'orage passera, la vérité restera, et la vérité portera ses fruits. » Ne semblerait-il pas un autre Mardochée disant à une nouvelle Esther :

Dieu parle, et d'un mortel vous craignez le courroux !

Nous ne saurions encourir aucun blâme de tracer en passant ces détails, puisque nous les trouvons consignés dans les papiers d'un prêtre publiés par un autre prêtre.[1] Nous ignorons si en consultant les souvenirs de l'ancienne monarchie l'abbé Liautard avait devant les yeux le père La Chaise et Mme de Maintenon, mais il est évident, par sa conduite et par ses discours, que les intrigues dont il était, pour ainsi parler, le directeur n'éveillaient dans sa conscience aucun scrupule. C'est ainsi que de 1821 à 1824 on imitait de fort loin aux Tuileries le Versailles de la fin du XVIIe siècle.

Le nom de M. Liautard appartient à l'histoire de la presse légitimiste ; il lui appartient par la haine et par les projets que M. Liautard nourrissait contre l'indépendance de la pensée. Mettre l'éducation de toute la jeunesse entre les mains du clergé et détruire la presse, telles étaient les deux idées dont il poursuivait sans relâche

---

1 *Mémoires de l'abbé Liautard,* recueillis et mis en ordre par M. l'abbé A. Denys.

l'exécution auprès du gouvernement royal. L'Université n'eut pas, sous la restauration, d'adversaire plus persévérant et plus vif : les défenseurs de ce grand corps pourront puiser d'utiles renseignements dans les papiers de M. Liautard ; ils y verront qu'aux yeux du fondateur du collège Stanislas, les petits séminaires sont un glaive à deux tranchants, qu'ils sont tout à la fois des collèges déguisés et des écoles préparatoires aux études sacerdotales. C'était surtout par les petits séminaires que M. Liautard proposait au gouvernement de régénérer l'éducation. Par le clergé, tout est en vos mains, ne cessait de répéter aux royalistes M. Liautard ; ne voyez dans le clergé que des auxiliaires dévoués. Il pensait aussi qu'avec quelques millions bien répartis doivent s'aplanir tous les obstacles qui s'opposaient au développement des bonnes œuvres « C'est ainsi, nous citons ici textuellement, que vous préviendrez et rendrez vaines pour une longue suite de siècles les tentatives des Luthers nouveaux, des nouveaux Voltaires, de ces hérésiarques, de ces philosophies horriblement nuageuses qui ne paraissent dans le monde que pour la ruine et le malheur des intelligences et des âmes. » Quant à la presse, M. Liautard conseillait au gouvernement de faire une guerre savante aux imprimeurs, aux libraires, aux étalagistes et aux colporteurs : il faut surveiller ces derniers, par eux la police peut découvrir des secrets importants ; elle doit aussi fondre à l'improviste chez les libraires et les étalagistes ; enfin, l'administration doit diminuer successivement le nombre des imprimeurs. Cependant les bibliothèques privées pourraient rester l'asile des ouvrages impies ; on tachera de corriger un inconvénient aussi grave en établissant qu'aucun livre ne sera vendu après décès sans un contrôle et un droit. Le gouvernement fera aussi acheter chez les libraires tous les exemplaires des œuvres de Voltaire ; *on en chauffera, s'il est possible, les bains Vigier.* Pour les écrivains contemporains, M. Liautard a différentes recettes, des places, de l'or, ou la prison : eux-mêmes choisiront et décideront de leur sort. M. Liautard n'est pas cruel pour les gens dociles ; il ne se montre impitoyable que dans les cas de récidive. Voilà cependant où le zèle politique emportait un prêtre honorable, dont les vertus, et l'esprit élevé ont été loués justement par tous ceux qui l'ont pratiqué, tant il est vrai qu'en dehors des voies du sanctuaire il n'y a pour le sacerdoce que des occasions de chute. Il est juste,

Eugène Lerminier

au reste, de remarquer qu'en 1827 M. l'abbé Liautard était revenu à des idées de modération politique ; il voulait, pour succéder à M. de Villèle qu'il n'aimait pas, et qui d'ailleurs était alors impossible, un ministère pris dans les deux nuances du parti royaliste, et modifié par un pair et par un député du centre gauche. A cette époque, M. Liautard s'apercevait enfin du mal que faisaient à la monarchie les exagérations ardentes, et nous trouvons dans une de ses lettres un mot piquant et judicieux sur M. de Lamennais, qui, disait-il, *jette tout son feu, pour n'en plus posséder bientôt.* Trois ans plus tard en effet, c'était un autre feu qui commençait à brûler dans l'âme du prêtre breton.

M. de Villèle, dès son avènement au ministère, avait divisé profondément le parti royaliste. Loin de témoigner le désir de placer dans des postes importants les royalistes les plus notables, comme MM. Delalot, de Berthier, de Labourdonnaye, il s'était plutôt éloigné d'eux, et il avait cherché sa force ailleurs que dans leur appui. M. de Villèle avait une antipathie naturelle non-seulement pour l'exaltation dans les sentiments, mais pour l'indépendance dans les idées, et il n'aimait que les royalistes qui, soumettant leur raison à la sienne, exécutaient ses plans sans les discuter. Cependant il ne put éviter d'appeler près de lui au pouvoir M. de Chateaubriand, qui, outre l'incomparable éclat de sa renommée d'écrivain, s'était peu à peu approché du ministère par l'ambassade de Londres et par sa participation au congrès de Vérone. Cette association ne dura pas dix-huit mois ces deux hommes ne pouvaient tendre qu'à s'exclure. M. de Villèle tenait M. de Chateaubriand pour un esprit indisciplinaire et chimérique, et lui-même n'était aux yeux de son illustre collège qu'un homme d'expédients et d'affaires.

Le jour où M. de Chateaubriand, repoussé violemment dans l'opposition, redevint journaliste, la cause royaliste reçut une atteinte mortelle. Le système suivi par le gouvernement royal était donc mauvais, puisqu'il avait pour censeur celui qui avait écrit la broche *de Buonaparte et des Bourbons* ? N'était-il pas aussi prouvé qu'on pouvait entrer dans les rangs de l'opposition sans être un factieux, puisqu'on y rencontrait M. de Chateaubriand ? La détermination que prit l'auteur de *la Monarchie selon la Charte* de combattre vivement M de Villèle priva les Bourbons des forces que leur auraient prêtées l'expérience d'hommes non moins dévoués qu'habiles et l'ardent enthousiasme d'une partie de la jeunesse. Entre M. de Villèle et M. de Chateaubriand, les directeurs du *Journal des Débats*, MM. Bertin, n'hésitèrent pas, ils firent cause commune avec l'écrivain de génie, et lui livrèrent leur feuille. M. de Chateaubriand s'y surpassa ; son style s'y montra plus pur, plus empreint de l'esprit des affaires et toujours aussi vivant. D'un autre côté, la nouvelle attitude de M. de Chateaubriand avertissait la jeunesse royaliste de ne pas se dévouer aveuglément à la politique ministérielle. Les poètes nouveaux avaient célébré avec abandon, avec franchise les souvenirs et les espérances qui se rattachaient à la monarchie des Bourbons ; la muse lyrique de M. Victor Hugo avait été naïvement vendéenne ; M. de Lamartine avait chanté la naissance du duc de Bordeaux et le sacre de Charles X. Devant les fautes commises par le gouvernement royal, cette ardeur tomba bientôt. Les poètes royalistes de la restauration, nous parlons des meilleurs, M. de Lamartine, M. Victor Hugo, M. Alfred de Vigny, n'eurent plus de culte que pour l'art ; ils perdirent insensiblement leurs anciennes passions politiques dans le commerce des principaux représentants de l'école philosophique et critique dont *le Globe* était la tribune ; on se rapprochait, on échangeait des inspirations et des idées, on se fortifiait par le contraste même des travaux et des tendances. Cependant l'antique monarchie ne s'apercevait pas qu'elle s'aliénait le cœur de ses vieux et de ses jeunes amis, et qu'entre elle et toutes les forces vives de la France l'abîme s'agrandissait.

Pendant les cinq dernières années de la restauration, la presse légitimiste fut malhabile, violente et médiocre. M. de Chateaubriand n'était plus à la tête des écrivains qui défendaient le gouvernement ; le talent de M. de Bonald faiblissait ; c'était dans *le Conservateur* qu'il avait jeté son dernier éclat. Quand à M. De Lamennais, comment le ranger parmi les défenseurs de la monarchie des Bourbons, lui qui écrivait en 1825 : « « Qu'est-ce que la religion pour le gouvernement ? que doit être à ses yeux le christianisme ? Il est triste de le dire, une institution formellement opposée aux siennes, à ses principes, à ses maximes, un ennemi… L'état a ses doctrines, la religion a ses doctrines essentiellement opposées… Il y a donc entre elle et l'état une guerre continuelle….[1] » Étrange

---

1 *De la Religion considérées dans ses rapports avec l'ordre politique et civil.*

Eugène Lerminier

langage dans la bouche d'un soutien de la monarchie ! M. de Lamennais était un ligueur qu'on prenait pour un royaliste, et, en vérité, ce n'était pas sa faute, car l'éloquent écrivain, si extrême alors dans son zèle pour la théocratie romaine, ne déguisait ni ses sentiments ni ses théories. Il y eut un moment où dans la presse monarchique on eut cherché en vain des royalistes considérables par leur talent et leur renommée. C'est ce dénuement si triste que signalait M. de Chateaubriand quand il s'écriait avec une amertume qui montrait un cœur profondément blessé : « On enrôle, pour soutenir un ministère royaliste (celui de M. de Villèle), des libellistes qui ont poursuivi la famille royale de leurs calomnies. On recrute tout ce qui a servi dans l'ancienne police et dans l'antichambre impériale, comme chez nos voisins, lorsqu'on veut se procurer des matelots, on fait la *presse* dans les tavernes et les lieux suspects. Ces chiournes d'écrivains *libres* sont embarqués dans cinq à six journaux achetés, et ce qu'ils disent s'appelle l'opinion publique chez les ministres ! » Voilà quel terrible usage faisait de la liberté de la presse l'ancien collègue de M. de Villèle ; ni Benjamin Constant, ni Paul-Louis Courier, n'étaient si implacables ; ils n'avaient pas été ministres.

Le gouvernement des Bourbons alla de maladresse en maladresse jusqu'à la plus folle des témérités. « Jeune homme, dit à la journée des Dunes le grand Condé au duc de Glocester, vous n'avez jamais vu perdre de bataille ? Eh bien ! vous allez le voir. » Les hommes vieillis dans les catastrophes politiques ont pu dire aussi en 1829 aux générations nouvelles : Jeunes gens, vous n'avez jamais vu crouler de monarchie ? Vous aurez bientôt ce spectacle. Enseignement qui préservera les héritiers de la restauration des mêmes fautes et de la même destinée.

En 1830 comme en 1789, les écrivains royalistes furent surpris par une soudaine tempête, et peut-être le coup fut plus grand encore, car ce n'était plus en quelques années, mais en trois jours, que s'abîmait l'antique royauté par une nouvelle et irrémédiable chute. Aussi, dans le camp royaliste, on passa bientôt d'une stupeur douloureuse à tous les mouvements de la colère ; dans les premières années qui suivirent 1830, les discussions de la presse présentèrent le spectacle d'une mêlée ardente et d'alliances singulières ; le langage des légitimistes différait peu de celui des démocrates ;

les passions des premiers étaient si vives, qu'elles fraternisaient presque avec les théories des seconds. Rien ne recommanderait aujourd'hui cette époque à notre souvenir, si M. de Chateaubriand n'eût pas alors écrit quelques pages. *C'est un bon parti, quand on aime la gloire, que de s'attacher au malheur.* Cette pensée de M. de Chateaubriand a été la règle de sa conduite, et nous dirions volontiers, pour parler avec Montesquieu, qu'en examinant ses actes et ses écrits politiques depuis quatorze ans, *on voit qu'il a tout tiré de ce principe.* Ceux qui, encore aujourd'hui, s'autorisent de quelques démarches pour voir dans l'illustre écrivain un royaliste enthousiaste s'abusent fort ; à travers sa longue carrière, M. de Chateaubriand n'a jamais eu qu'un souci, qu'un culte, sa propre gloire. Aujourd'hui, sa fidélité à d'anciens souvenirs est un dernier éclat dont il veut illuminer sa tombe ; aujourd'hui, il songe peu aux vivans, quels qu'ils soient, mais il songe beaucoup à ce qu'on dira de lui dans la postérité. Laissons donc de côté ce grand nom, en nous occupant de ce qu'a fait dans ces dernières années la presse légitimiste, et parlons plutôt de M. de Genoude.

Après avoir prêté un appui sans restriction à M. de Villèle, après avoir donné une adhésion presque entière à l'administration de M. de Polignac, il ne paraissait guère possible pour un journal, pour un parti, d'attaquer le gouvernement de 1830 sur ce fondement, qu'il n'était pas assez libéral. C'est cependant ce qu'entreprit la *Gazette de France.* Il n'y a qu'un parti en France qui ait aimé et connu la vraie liberté et qui puisse en doter le pays, c'est le parti royaliste : telle est la thèse que la *Gazette de France* développe et soutient depuis douze ans avec un imperturbable aplomb. Quel en est l'inventeur ? Est-ce M. Lourdoueix ou M. de Genoude ? Question grave que nous ne pouvons résoudre. Nous savons seulement que M. de Genoude s'est approprié cette thèse par l'infatigable ténacité avec laquelle, depuis douze ans, il la reproduit sous toutes les faces. A vrai dire, la *Gazette* n'existe que par M. de Genoude ; c'est lui qui la représente et la constitue. Il importe donc de peser les titres et d'apprécier la valeur de ce chef de parti.

Dans cet examen, il a d'autant plus d'à-propos qu'en ce moment M. de Genoude ne néglige rien pour appeler sur lui l'attention générale. Il y a quelques mois, il briguait la députation avec fracas ; mais sans succès ; il vient de publier la collection de ses œuvres ;

enfin, il entreprend aujourd'hui une histoire de France en vingt volumes : le premier tome a paru. C'est poursuivre la gloire par tous les sentiers. Après être monté dans la chaire chrétienne, M. de Genoude veut briffer à la tribune : en attendant l'instant où il lui sera permis de se montrer orateur politique, il sera historien et : déroulera nos annales. La France peut être tranquille, M. de Genoude ne lui manquera pas ; elle le retrouvera partout, aspirant à toutes les palmes, ayant toutes les ambitions, et marchant à l'immortalité à travers une publicité perpétuelle d'annonces et d'affiches ; Cette soif insatiable de la renommée n'est pas un crime ; nous sommes loin de blâmer l'ardeur qui pousse un homme à se rendre célèbre, car de cette façon il peut devenir utile. Cherchons donc si, parmi les titres que nous présente aujourd'hui M. de Genoude, il y en a de solides ; nous serons ainsi conduit à nous expliquer sur son but politique.

Les éditeurs des œuvres de M. de Genoude nous apprennent, dans une introduction, qu'ils ont voulu soumettre sa vie intellectuelle et politique à une grande épreuve, en réunissant ses principaux écrits. M. de Genoude doit nous apparaître toujours fidèle à lui-même et au culte des trois principes, la religion, la royauté et la liberté ; depuis les *Réflexions sur quelques questions politiques*, qu'il publia en 1814, jusqu'à la *Gazette de France* de 1844. Ces *Réflexions* sont peu profondes ; elles sont l'œuvre d'un jeune homme qui prend des réminiscences et des lieux-communs pour des découvertes. Nous y trouvons des généralités honnêtes et peu neuves sur la patrie l'opinion, l'éducation, la noblesse, la religion, la propriété. Il y règne, il est vrai, une modération que M. de Genoude a souvent oubliée depuis. A cette époque, il n'injuriait pas la philosophie, et il disait que les rois doivent être soumis aux lois décrétées en commun par l'autorité royale et une représentation nationale. Ces sentiments sont louables, mais c'est se moquer que de vouloir y attacher une valeur politique. Après les *Réflexions* viennent des *Voyages*. M. de Genoude a parcouru la Suisse en 1814, la Vendée en 1819, le midi de la France en 1820 ; il a visité Rome et Londres en 1840 ; à chaque époque, il a écrit des fragments ou lettres pour peindre les impressions qu'il avait éprouvées dans ces diverses courses ; ces fragments et ces lettres sont réimprimés aujourd'hui. De tous ces récits, le meilleur est incontestablement celui qui roule sur la Vendée ; quant au voyage de Rome, il n'a été entrepris par M. de Genoude que pour avoir une audience de M. le duc de Bordeaux, qui, sans presque ouvrir la bouche, a écouté l'exposition de son système. Nous avons lu tout cela dans la *Gazette de France*. Nous retrouvons aussi cette *Histoire d'une âme*, qui a paru dans les colonnes de la *Gazette*. Quelle âme ? l'âme de M. de Genoude. Il l'ouvre tout entière ; il appelle la France à y lire. On tremble à la vue des périls qu'a courus la jeunesse de M. de Genoude, alors qu'il cherchait la religion, pendant que M. de Lamartine cherchait la poésie : c'est M. de Genoude qui fait ce rapprochement modeste. Un jour, revenant de Saint-Nizier, M. de Genoude avait le Drac à traverser pour rentrer à Grenoble ; il était sur le bateau, et il se sentit saisi du désir de mettre fin à son supplice en se jetant dans le torrent. *Voilà*, dit-il, *où l'avait conduit son enthousiasme pour Voltaire.* C'est la première fois qu'on accuse Voltaire de donner aux gens le vertige et le transport au cerveau. Heureusement, M. de Genoude ne se jette pas dans le Drac ; mais *il étouffait*, toujours pour avoir lu Voltaire, quand un jour il ouvrit l'*Émile*. La scène change, et voici une contrefaçon du vicaire savoyard. Un pauvre et bon vicaire a appris à Émile les principes de la religion naturelle et la morale du christianisme. C'est aussi un prêtre, le curé de Saint-Fergus, qui prépare le cœur de M. de Genoude à recevoir les vérités chrétiennes. C'est sur une haute colline, au-dessous de laquelle passait le Pô, en face d'un paysage couronné par l'immense chaîne des Alpes, que le vicaire fait à Émile son éloquente confidence ; les entretiens du curé et de M. de Genoude se passent au pied des Alpes françaises, sur les bords de l'Isère. Les œuvres spirituelles de Fénelon furent au nombre des lectures que le curé de Saint-Fergus conseillait à son jeune ami, et l'archevêque de Cambrai eut la gloire d'achever la conversion commencée par le curé. M. de Genoude fait en général à Fénelon l'honneur de le citer souvent, sans doute parce que le précepteur du duc de Bourgogne s'est beaucoup occupé de politique. Nous doutons cependant que Fénelon eût donné son approbation à la complaisance avec laquelle M. de Genoude se met en scène ; Fénelon n'aimait pas cette humilité menteuse qui vous fait trouver mille beaux prétextes pour parler de soi ; il est meilleur, disait-il, de se taire humblement. On peut se rappeler que la plus grande louange qu'il donnait à saint Augustin, c'était d'être arrivé, à travers toute sa science, à la simplicité d'un enfant.

Personne de moins simple et de moins humble que M. de Genoude. Il a pour les moindres choses sorties de sa plume une estime singulière. A-t-il eu occasion de s'expliquer devant le jury au sujet de ses opinions, il donne aux paroles qu'il a prononcées une publicité nouvelle et les décore du titre pompeux de *discours politiques*. Il transporte aussi des colonnes de la *Gazette de France* dans la collection de ses œuvres les lettres qu'il a imaginé d'écrire soit à de notables personnages comme M. Casimir Périer, M. Dupin aîné, soit aux rédacteurs de quelques journaux. Dans une de ces lettres, il nous donne à entendre qu'il a une mission analogue à celle de Joad que *l'attachement aux lois de son pays rend sublime*. Si l'on objecte à M. de Genoude que dans de pareilles prétentions il y a peu d'humilité, il vous répond que l'humilité doit être magnanime et non pas sotte et niaise. Aussi M. de Genoude n'a pas la sottise et la niaiserie de pratiquer obscurément des vertus modestes ; il a un bien autre dessein, il se dévoue à l'entreprise de *refaire l'unité nationale dans un pays qui a été bouleversé par cinquante ans de révolution*. Ne demandez donc plus à M. de Genoude d'être humble : ne vous suffit-il pas qu'il soit magnanime ?

Cependant, pour marcher à un aussi grand but, il faut des forces, il faut des titres. C'est un bagage bien léger pour un chef de parti, pour un général annonçant de tels projets, que quelques articles de journaux, même en y joignant des mélanges littéraires et plusieurs sermons. M. de Genoude l'a reconnu, lui-même, puisqu'aussitôt après son échec électoral il nous a promis la publication d'une histoire de France en vingt volumes. Il a senti le besoin de se recommander au pays par un monument, et s'il ne peut pas encore nous dire comme Horace qu'il l'a élevé, il nous assure fièrement qu'il l'élèvera. Voici sur-le-champ un premier volume : les fondements de l'édifice ont été posés comme par enchantement ; examinons si la solidité répond à la promptitude de l'exécution.

Associer à une érudition patiemment puisée aux sources un vrai talent d'écrivain et d'artiste, tel est l'engagement que prend celui qui ambitionne de nous raconter d'histoire de France. De nos jours, plusieurs parties de la science historique ont été renouvelées par des esprits de premier ordre ; outre les travaux éminents que nous leur devons, nous possédons en ce moment sur les annales de notre pays deux ouvrages considérables. Une histoire de France a été laissée presque entière par M. de Sismondi, une autre est en voie d'exécution sous la plume de M. Michelet. Nous ne saurions vouloir apprécier en passant deux livres importants qui se font remarquer et aussi valoir l'un l'autre par des qualités contraires ; nous ne les citons ici que pour rappeler au prix de quels labeurs persévérants doit s'acheter l'honneur de prendre rang parmi les historiens de la France. Peut-être M. de Genoude ne s'est-il pas rendu un compte exact de la grandeur de l'œuvre qu'il vient d'aborder avec une sorte d'exaltation. En effet, il dédie son livre à la France elle-même. « Je vous dédie ce livre, ô ma patrie, ô noble France. » Et à la fin de sa dédicace, M. de Genoude s'écrie : « J'ai essayé pour vous, ô ma patrie, *ce que nul écrivain n'avait tenté jusqu'ici*. On vous a donné l'histoire de vos rois, de vos guerriers, de vos hommes d'état ; j'ai entrepris de publier la vôtre, celle de vos principes, de vos sentiments et de vos mœurs. » N'est-il pas bizarre que M. de Genoude oublie la glorieuse initiative prise, il y a vingt-quatre ans, par M. Augustin Thierry pour renouveler l'histoire de France ? Mais il a tant d'enthousiasme, qu'il en perd la mémoire. Cet accès ne dure point, il est vrai. Dès les premiers pas, cet écrivain qui entreprend *ce que nul n'avait tenté avant lui* appelle à son secours toutes les autorités connues en matières d'histoire de France : c'est passer rapidement d'un extrême orgueil à une modestie édifiante. A la fin de sa préface, M. de Genoude cite les paroles que Rollin adressait au public quand il fit paraître son *Histoire romaine* : « Je n'ai point dissimulé, disait Rollin, que je faisais beaucoup d'usage du travail de ceux qui sont venus avant moi, et je m'en suis fait honneur. Je ne me suis jamais cru savant, et je ne cherche point à le paraître, je n'ambitionne même pas le titre d'auteur. » A quoi songe M. de Genoude de s'approprier une pareille simplicité ? Elle pouvait convenir à ce bon Rollin, qui ne songeait qu'à se rendre utile à la jeunesse : au premier moment, elle nous a surpris dans un homme dénonçant à la France qu'il se lance dans des voies nouvelles. Toutefois nous n'avons pas tardé à comprendre pourquoi M. de Genoude changeait si complètement de ton. Il a fait dans le volume qu'il nous donne aujourd'hui un emploi si fréquent de ses devanciers, qu'il a cru devoir s'expliquer sur ce point. C'est à cette occasion qu'il s'appuie de l'exemple de Rollin ; mais ici même la fierté native de M. de Genoude reparaît, et avant de citer le passage du digne recteur, il écrit pour son compte cette phrase altière : « Tout ce qu'ont fait mes devanciers m'appartient, puisque tous ont voulu qu'il existât une histoire de France complète et digne du sujet. » C'est en vertu de cette maxime qu'une préface de soixante-seize pages se compose pour moitié de citations empruntées à M. Augustin Thierry, à M. Guizot, à M. de Sismondi, au président Henrion de Pansey, à Target, à d'Éprémesnil, à Mirabeau, à l'*Encyclopédie*, à l'*Histoire des Francs* de M. de Peyronnet, à l'*Introduction au Moniteur* de 89. On s'aperçoit que depuis quelque temps M. de Genoude a fait des lectures sur l'histoire de France.

Les invasions germaniques, le conflit des races barbares avec la civilisation romaine sur le sol de la Gaule, les premiers temps de la monarchie franque, tout cela forme un sujet sévère et difficile que M. de Genoude n'a pas encore osé aborder. Il a préféré remplir son premier volume par un tableau de la société gauloise pour lequel il a mis largement à contribution un estimable et savant ouvrage de M. Amédée Thierry, qui a écrit l'*Histoire des. Gaulois* depuis les temps les plus reculés jusqu'à l'entière soumission de la Gaule à la domination romaine. C'est avec le secours de M. Amédée Thierry que M. de Genoude se sert des commentaires de César ; il cite deux ou trois fois M Thierry, mais il l'exploite beaucoup plus souvent. Ainsi, il lui emprunte, entre autres choses, la traduction du passage où Orose trace une éloquente peinture des misères de la Gaule après qu'elle ont été broyée par la main puissante du rival de Pompée. D'autres auteurs sont aussi conviés à faire les frais du récit de M. de Genoude : nous rencontrons M. Ampère avec sa remarquable *Histoire littéraire* ; nous retrouvons M. Guizot, que suit de près M. de Chateaubriand. Si. M. de Genoude n'apprend rien de nouveau à ses lecteurs, au moins il renouvelle leurs meilleurs souvenirs.

Le rédacteur en chef de la *Gazette de France* ne se borne pas à user ainsi sans façon de ses devanciers, qui lui appartiennent, comme on sait ; c'est à lui-même qu'il fait aussi des emprunts. Dans le troisième livre, qu'il a intitulé *le Christianisme dans les Gaules*, notre étonnement n'a pas été médiocre de tomber sur environ cent pages que M. de Genoude avait consacrées ailleurs à la peinture des deux premiers siècles de l'église Ces pages se trouvent de cette façon publiées pour la troisième fois. En effet, elles ont d'abord paru dans une traduction des *Pères de l'Église* ; puis elles ont été reproduites dans la collection des œuvres de M. de Genoude ; enfin, nous les retrouvons dans le premier volume de l'*Histoire de France.* Voilà ce qui s'appelle ne pas laisser la lumière sous le boisseau. En faut-il davantage pour montrer avec quelle précipitation M. de Genoude a procédé ? Il a été surtout poussé par le désir d'expédier le plus tôt possible un volume à ses souscripteurs, et il s'est métamorphosé en historien avec une rapidité magique. C'est un changement à vue.

Si M. de Genoude veut écrire sérieusement l'histoire de France, chose qu'il n'a pas encore commencé de faire, même après la publication de son premier volume, il faut qu'il se résigne à consacrer des années à des études qu'il paraît croire ne demander que quelques mois M. de Genoude a une ardeur qui dénote sans doute sa bonne foi, mais qui, en se portant sur mille objets, l'empêche de laisser nulle part une trace qu'on puisse vraiment remarquer. Tour à tour théologien littérateur, orateur sacré, et en dernier lieu historien, le rédacteur en chef de la *Gazette de France* s'est attaqué à bien des sujets, depuis traduction de la Bible jusqu'à la *Raison monarchique.* Il serait injuste de dire qu'il écrit mal, mais on ne saurait dire non plus qu'il écrive bien. Enfin, si M. de Genoude avait autant de mérite que de zèle, autant de force que d'activité, ce serait un grand homme.

Quand on compare l'état actuel de la presse légitimiste à son passé, on peut mesurer toute la profondeur de sa décadence. Son histoire se partage en trois époques principales. A la fin du dernier siècle, en 1796 et en 1797, MM. de Bonald et de Maistre relevèrent avec hardiesse et génie la cause et l'image de l'antique monarchie en face de la révolution victorieuse. En 1816, M. de Chateaubriand, par *la Monarchie selon la Charte,* et deux ans plus tard par *le Conservateur,* rendit aux principes légitimistes l'insigne service de montrer qu'ils n'étaient pas incompatibles avec la liberté et l'opposition constitutionnelles : ce fut l'apogée de la presse royaliste. Depuis 1830, cette presse, sans direction, sans boussole, sans unité, ne s'est plus guère signalée que par des colères et des

Eugène Lerminier

inconséquences, et elle a pour principal représentant M. de Genoude.

Se mettre sur le terrain de la révolution pour mieux la combattre a paru au rédacteur en chef de la *Gazette de France* une idée heureuse, un coup de parti, et tel est le plan de campagne qu'il suit opiniâtrement depuis plusieurs années. Mais qu'en est-il advenu ? Les démocrates ardents ont trouvé dans ces concessions la preuve qu'ils avaient eu complètement raison dans le passé, et qu'ils n'avaient pas besoin des amis de la *Gazette de France* pour l'avenir. D'un autre côté, les légitimistes les plus convaincus ont refusé de suivre M. de Genoude dans une tactique qui leur paraissait une véritable abjuration de leurs principes. Ainsi la doctrine si laborieusement échafaudée par la *Gazette* est la risée des démocrates et le scandale des plus purs royalistes.

Pour l'immense majorité constitutionnelle, quel intérêt pourrait-elle prendre à toute cette politique ? M. de Genoude demande la périodicité des états-généraux : nous avons deux chambres qui s'assemblent tous les ans ; il réclame l'affranchissement des communes et la répartition de l'impôt par des assemblées provinciales : nous avons une organisation municipale et départementale sagement combinée avec le haut patronage de l'état. M. de Genoude sera-t-il plus écouté du pays parce qu'il prêche le droit héréditaire et le vote universel ? Mais le pays, il y a quatorze ans, a replacé l'hérédité monarchique à la tête de ses institutions, et quant au suffrage universel, il n'a pas le moindre penchant pour ce système non moins erroné que périlleux. Les fautes irréparables de la branche aînée des Bourbons auraient perdu pour toujours le principe social de l'hérédité monarchique, si la sagesse du pays ne l'eût relevé et ne lui eût assuré, dans l'intérêt de tous, un nouvel avenir en le transplantant. Sur ce point, des faits récents peuvent convaincre les plus incrédules. Quand M. le duc d'Orléans a si funestement disparu, tous les yeux se sont portés sur son fils, et le principe de l'hérédité monarchique n'a paru ni chose éteinte, ni lettre morte En 1830, la révolution française ne s'est pas égarée dans les théories et les rêves d'une démocratie extrême ; elle s'est affermie, elle s'est éternisée en se modérant, en attirant à elle, en s'appropriant tous, les principes nécessaires et vitaux que contenait encore le passé.

C'est ce que ne sauraient trop comprendre les personnes qui à des sentiments légitimistes joignent une haute probité politique et un sincère amour du pays. L'autorité incontestable des faits et la marche irrésistible du temps ont désarmé les légitimistes, nous parlons du parti et non des individus. Comme parti, quel rôle peuvent-ils jouer qui ne soit mieux rempli par d'autres ? Prétendent-ils se distinguer comme défenseurs des principes d'ordre et de stabilité, ils trouvent la place prise par un parti conservateur nouveau et considérable que la révolution et la monarchie de 1830 ont mis au monde. S'ils veulent au contraire se recommander au pays comme les champions de la liberté et des réformes politiques, peuvent-ils avoir l'ambition de mieux dire et de mieux faire sur ce point que l'opposition constitutionnelle, qui à gauche est puissante par la sincérité de sentiments populaires, au centre gauche par l'ascendant de ses talents politiques ? Nous ne saurions supposer, quand nous songeons au passé et aux intérêts positifs des légitimistes, qu'ils puissent jamais, en désespoir de cause, arborer l'étendard des réformes sociales ; au surplus, ici encore, ils arriveraient trop tard : la révolution française a enfanté des sectes qui, en matière d'utopies, ne laissent rien à désirer, rien à ajouter. D'ailleurs, il est des contre-sens monstrueux devant lesquels doivent reculer les partis et les hommes les plus intrépides ; tracer la route à une troisième restauration à travers une révolution nouvelle qui ne saurait qu'un bouleversement social est une énormité dont nul homme, nul parti en France, nul gouvernement en Europe n'oserait vraiment se charger la conscience. Mais, en se tournant vers les personnes, le thème change. Nous trouvons dans les rangs légitimistes une société d'élite, élégant débris d'un illustre passé. Nous y trouvons les grandes influences de la propriété, de nobles traditions domestiques, des noms à soutenir, à perpétuer dignement. Ceux qui les portent, ces noms, ne doivent pas hésiter à accepter l'état social qu'ont fait à la France la volonté nationale et les décrets de Dieu. Toutes les fois que le pays les trouvera enfants dévoués, il s'en servira non-seulement sans déplaisir, mais avec orgueil. L'armée et la diplomatie ont gardé un bon souvenir des services de la noblesse. De nouvelles carrières s'ouvrent encore aux héritiers des noms historiques. Dans les conseils-généraux, dans les chambres, ils peuvent être utiles au pays. Quand l'aristocratie romaine eut abdiqué l'empire du monde entre les mains des César, elle garda le prestige des souvenirs et cette autorité indéfinissable dont se trouve investi ce qui a longtemps duré. La noblesse française tombe de moins haut, et en même temps ce n'est pas entre les mains d'un maître, mais entre celles d'un pays libre qu'elle doit abdiquer non plus ses privilèges depuis longtemps perdus, mais certains préjugés désormais sans application possible. Elle ne saurait en vérité se plaindre. Corps politique, elle n'a été vaincue que par le temps, et quant aux personnes, elles ont pour dédommagement un avenir où l'association de la fortune et du talent est certaine conquérir l'influence politique.

La Presse politique

LETTRE A M. LE DIRECTEUR DE LA REVUE DES DEUX MONDES.

Que vous semble, monsieur, du ton de la presse ? Êtes-vous bien édifié de la décence de sa polémique, de la bonne foi qu'elle y porte, des connaissances qu'elle y déploie ? Les chambres, en se séparant, lui ont laissé le champ libre ; elle est sur le premier plan de la scène politique ; elle y jase et discourt à son aise. Rien ne lui fait obstacle et ne se met entre elle et le public. Pendant les vacances législatives, elle peut trôner en souveraine et croire plus que jamais à son infaillibilité.

La situation est magnifique, trop peut-être. Il y a des dangers dans cette carrière sans bornes, dans cette possession du premier rang. Quand les deux chambres sont assemblées et s'occupent des intérêts du pays, les journaux trouvent dans les délibérations parlementaires, non-seulement une matière qui remplit leurs colonnes, mais une base, un terrain pour asseoir leurs débats. Dans cette position, la presse peut appuyer utilement la tribune, en rectifier ou compléter les travaux et les discours, se mouvoir dans un cercle tracé, doubler enfin ses forces par une concentration habile et modeste. Dans l'intervalle des chambres, elle a seule la parole, mais aussi elle s'adresse à un public fatigué, à un auditoire aux trois quarts éclairci par l'absence, par les voyages, par les fuites aux champs. Les ministres terminent les affaires et ne prononcent plus de harangues. Les événements deviennent plus rares, tout est au repos, et cependant la presse doit s'évertuer, ou du moins elle croit le devoir faire. Sous le coup de cette nécessité, la presse devra jeter un grand éclat, ou tomber dans de déplorables écarts ; pas de milieu : ou elle aura des idées et des théories d'une vérité assez triomphante pour réveiller l'attention du public, et conquérir l'assentiment général, ou bien elle s'aliénera l'opinion par l'injustice de ses attaques, la pauvreté de ses vues et le peu d'honnêteté de ses inventions. Voilà trois mois et demi que les deux tribunes se taisent et que les journaux parlent seuls ; qu'ont-ils fait ? Placés entre la société et le gouvernement, ont-ils apprécié sainement les tendances de l'une et les actes de l'autre ?

Avant d'approfondir cette question sérieuse, nous ne saurions trop insister sur l'importance de la presse politique, sur son rôle et sur ses droits. Dans nos sociétés modernes, la presse politique est une impérissable réalité : en Angleterre, en Amérique, en France, elle est plus qu'ailleurs l'organe aux cent voix des idées et des passions sociales ; c'est la tribune de Rome et d'Athènes, multipliée sur tous les points du territoire, mobile, inépuisable et toujours retentissante. La France, peut-être plus encore que l'Angleterre, aime cet exercice quotidien de la pensée s'appliquant aux intérêts généraux ; elle a connu la première les pamphlets politiques, et si la Grande-Bretagne nous a précédés dans la pratique constitutionnelle, la France a eu la priorité de l'opposition littéraire. Nous avons eu une presse politique dès le XVIe siècle, et depuis La Béotie jusqu'à Paul-Louis Courrier, nous avons le goût de la liberté de la presse. Ce goût est devenu une loi sociale, une condition nécessaire dans l'existence des gouvernements et des nations modernes ; la discussion envahira progressivement le monde ; déjà elle en a la moitié. La chute de la restauration a servi, chez nous, de démonstration définitive à ce fait inévitable. Chez nous, la liberté de la presse est désormais inviolable et n'a plus à craindre qu'elle-même. La liberté de la presse est une puissance reconnue, mais non pas irresponsable, et l'opinion dont elle se dit l'organe, même parfois l'arbitre, la réclame à son tour pour sa justiciable.

C'est sans doute, monsieur, une belle et noble chose que de

prendre la parole sur les affaires de son pays, sans autre mandat que celui qu'on croit tenir de sa vocation et de son talent. Quand le publiciste, vraiment digne de ce nom, contemple avec désintéressement les intérêts généraux, les étudie dans leurs détails, s'efforce d'en saisir l'esprit et la portée, il s'associe presque dans l'opinion publique aux mérites et au rôle des hommes d'état qui dirigent la pratique du gouvernement. S'il n'agit pas, il peut éclairer ; il instruit le public connue il avertit le pouvoir, et ce ministère moral de critique officieuse n'est pas moins avantageux pour la société, qu'honorable pour celui qui l'exerce. Mais aussi plus l'honneur est grand, plus il est imprudent d'y prétendre sans des forces suffisantes. Tous les citoyens, indistinctement, ne montaient pas à la tribune d'Athènes ; le droit de s'y faire entendre ; était absolu, mais la parole n'était revendiquée que par les orateurs qui, sous les yeux du peuple, avaient fait une longue étude des affaires de la république. Par la même raison, la société demande aujourd'hui à ceux qui s'emparent de la plume de publiciste, quelles préparations, quels travaux établissent leur compétence ; elle ne les empêche pas d'élever leurs voix et de produire leur ambition, mais elle se réserve d'examiner si la voix est grave et l'ambition légitime. La France a, d'ailleurs, d'autant plus le droit d'être difficile, que sa littérature politique est plus riche et plus féconde ; depuis un siècle, de nombreux talents y ont brillé ; ne serait-il pas triste de laisser se dégrader l'héritage que nous ont transmis nos maîtres ? La censure de l'opinion est aussi plus éveillée dans les jours tranquilles comme ceux où nous sommes parvenus : quand les temps sont orageux, chacun peut mêler impunément ses cris aux tempêtes publiques ; car alors les hurlements s'appellent de l'éloquence, le cynisme de l'énergie, la calomnie une noble audace. Mais lorsque les nuages n'obscurcissent plus l'horizon, la lumière, tombant d'aplomb sur l'insuffisance et la médiocrité, les dénonce sans pitié au mécontentement d'un public sévère. Je sais qu'il y a des degrés dans la presse politique, et qu'il serait injuste d'exiger de tous ceux qui veulent y occuper une place, les mêmes études et les mêmes aptitudes ; mais sans leur demander à tous originalité, science, profondeur, est-ce trop que d'exiger de tout homme qui rédige un journal, du bon sens et de la loyauté ; du bon sens, pour apprécier les dispositions, l'état, les besoins de la société dont il veut se faire lire et qu'il se propose d'influencer ; de la loyauté dans les débats qu'il institue sur les choses et sur les hommes, dans les censures dont il poursuit les dépositaires du pouvoir, dans les polémiques qu'il dirige contre les opinions et les théories de ses adversaires ? Or, monsieur, je ne crains pas d'avancer que depuis trois mois et demi, ni le bon sens ni la loyauté n'ont caractérisé les discussions de la plupart des organes quotidiens de la presse opposante, et qu'il faut plutôt s'en alarmer pour elle que pour le pouvoir qu'elle attaque.

Quand on examine de bonne foi l'état des esprits et de la société, on reconnaît que de plus en plus tout s'apaise et se consolide. Il est visible que la France, après cinquante années de mouvements révolutionnaires, veut goûter d'une vie plus paisible et plus régulière. Pourquoi ? Parce qu'à ses yeux la question de gouvernement est résolue. Ni la constitution de 91, ni la république, ni l'empire, ni la restauration, n'avaient pu lui inspirer cette confiance ; la constituante détruisait l'ancienne monarchie, et régénérait la société, mais ne pouvait fonder un gouvernement ; la république fut une crise sublime dans nos camps, hideuse dans nos villes ; l'empire, une époque qui trouva sa raison et ses commencements dans la nécessité de l'ordre, et sa fin dans les excès de la gloire ; la restauration, une gageure que le passé devait perdre contre le présent. Aujourd'hui le pays estime que les conditions nécessaires d'un gouvernement national sont remplies ; contrat synallagmatique, dynastie nouvelle et populaire, équilibre constitutionnel entre la royauté et la démocratie, voilà le prix de cinquante années de troubles et de labeurs. Le pays songe sérieusement à cultiver ces fruits achetés si cher, et il se prend à aimer son repos comme un héritage que les sueurs d'un père ont transmis. Or, le repos public consiste dans l'activité des particuliers, dans l'ardeur avec laquelle chaque citoyen vaque aux travaux de l'industrie, des arts, de la science, du commerce, de l'agriculture. Nous avons aujourd'hui ce consolant spectacle. L'industrie et l'agriculture sont fécondées par des efforts nouveaux qui doivent en doubler les résultats, parce que la confiance est revenue, parce que les capitaux, loin de craindre les entreprises, vont les chercher et les provoquer ; parce que les propriétaires, entièrement rassurés, ne se tiennent plus à l'écart, se mêlent aux affaires communes, aux élections municipales et politiques, et s'associent à tout ce qui peut améliorer la richesse agricole. Les beaux-arts et les sciences sont redevenus l'objet du culte fervent d'adorateurs nombreux : jamais on n'a plus fait d'architecture, de tableaux, de statues, de voyages, de recherches érudites, d'explorations de tout genre. Tous les hommes jeunes cherchent à s'ouvrir une carrière, et s'éloignant de plus en plus de vieilles querelles qui ne sont pas leur cause, demandent à leur travail une place honorable dans la société qui les convie et les attend. La société appelle les générations nouvelles à l'activité de la vie avec une maternelle tendresse ; elle sait encourager les talents, oublier les erreurs, et n'a de sévérité que pour le crime et la folie. N'avons-nous pas vu, depuis huit ans, succomber tous ceux qui se sont entêtés à l'impossible ? Ils se sont perdus dans leurs violences et dans leurs chimères. Mais aujourd'hui il faut reconnaître que le sentiment de la réalité, de la pratique sociale, pénètre de plus en plus dans les esprits ; la raison publique s'affermit, et il devient plus difficile de la séduire ou de l'égarer.

Si la paix règne dans la société, pourquoi le feu est-il dans certains journaux ? Que conclure de ce contraste, si ce n'est qu'ils se trompent ou qu'ils veulent tromper ? Dans le premier cas, ils sont peu clairvoyants ; dans le second, peu véridiques. On pourrait concevoir que des écrivains, dans la sincérité de leurs opinions démocratiques, trouvassent des dangers dans ce calme universel, qu'ils craignissent que la sécurité devînt de l'apathie, qu'ils voulussent empêcher l'activité pour les affaires particulières de dégénérer en abandon des intérêts publics. Il y a toujours des conseils utiles à donner à une société, dans quelque situation qu'elle se trouve, et il est toujours permis d'éveiller sa sollicitude sur elle-même et sur ses devoirs. Mais pour y réussir, pour s'en faire écouter, la véracité est nécessaire. Il faut que l'écrivain commence par reconnaître les progrès accomplis, s'il veut en provoquer d'autres : qu'il ne calomnie ni les citoyens ni le gouvernement qu'il désire morigéner ; car sans cette bonne foi, loin de persuader, il révoltera, et la vérité même, si elle lui échappe, pourra devenir, dans sa bouche, un objet de dédain et de dégoût. Voilà pourtant, monsieur, les beaux résultats obtenus par certains organes de la presse opposante ; ou dirait un parti pris de choquer le sens public, de s'inscrire en faux contre la réalité. Les colères de quelques journaux semblent croître avec la tranquillité générale ; et comme l'indifférence de tous les irrite encore davantage, elles montent à une exaltation vraiment pitoyable. On voit, dans son abandon, la presse opposante s'attaquer à tout, faire de toute chose un grief contre le gouvernement ; dernièrement une feuille reprochait au ministère les troubles qui avaient éclaté à Stockholm ; il n'arrive pas un accident en Europe dont les ministres ne doivent être responsables, et la presse leur crie comme Ariane délaissée dans l'île de Naxos :

Le roi, vous et les dieux, vous êtes tous complices.

Mettons un peu en regard la réalité et les allégations de la presse. Plusieurs de ses organes disent au pays : Vous croyez être dans une situation constitutionnelle, dans un état normal ; lourde erreur ! On vous asservit à votre insu ; vous n'êtes pas gouvernés suivant les règles de la charte : le roi exerce sur le gouvernement et les affaires une influence excessive, le ministère n'a ni indépendance ni personnalité. Il est vrai qu'à la surface tout est régulier, mais ces apparences sont menteuses ; au fond la constitution est éludée, et encore une fois vous ne vous apercevez pas qu'on vous trompe et qu'on vous opprime. Quelle est la valeur de ces assertions ? D'après notre charte, le roi règne par lui seul ; il gouverne avec le concours des chambres, par l'entremise et la responsabilité de ses ministres. Voilà notre loi politique. A-t-elle entendu par ses prescriptions que la personnalité du roi, ses talents, son caractère, n'auraient aucune action sur la marche des choses et des affaires, qu'il deviendrait indifférent pour la France d'avoir sur le trône un grand politique ou un homme médiocre, et que le roi constitutionnel était un être abstrait, toujours le même, parce qu'il serait toujours nul ? Si tel était le vœu de la charte, il serait une injure à l'esprit de notre pays, qui est plus sensible qu'aucun autre aux qualités personnelles ; mais il n'en est pas ainsi : le gouvernement représentatif ne compte pas parmi ses conditions l'abdication morale du roi ; quel publiciste consentirait à ériger en axiome un pareil contresens ? Voici ce qu'écrivait M. Guizot en 1828 : « Dans le système représentatif le mieux réglé, au milieu du déploiement des libertés publiques, en droit comme en fait, l'opinion du roi, la volonté du roi, la personne du roi tiendra toujours une grande place ; ses croyances,

Eugène Lerminier

ses sentiments, ses habitudes, ses antipathies, ses goûts, seront autant de faits qu'il faudra prendre en considération….. Deux faits sont également certains : l'un, que la pensée, la volonté du roi est une force avec laquelle il faut traiter ; l'autre, que cette force n'est point intraitable, et d'obstacle qu'elle était d'abord, peut fort bien devenir moyen. » Vous voyez, monsieur, que les journalistes qui se disent aujourd'hui les amis de M. Guizot, auraient dû interroger leur maître et prendre ses conseils avant de travailler à soulever une émeute morale contre le pouvoir constitutionnel de la royauté. S'il est dans la nature des choses que la personne du roi ait une part prévue d'influence dans les affaires d'un état constitutionnel, combien ce fait légitime est encore moins méconnaissable dans le premier règne d'une dynastie ! A ce propos, permettez-moi, monsieur, de vous rapporter les paroles d'un étranger qui, en me rendant visite, me communiquait ses impressions sur ce qu'il voyait en France : — Plusieurs de nos journaux, me disait-il, semblent ne pas comprendre la situation de la France, de son roi et de son gouvernement. La France, par l'unanimité de ses suffrages, a porté au trône un prince d'une habileté que reconnaissent ses ennemis les plus exaspérés ; elle trouve naturel que ce chef de dynastie veuille s'occuper lui-même de ses affaires ; elle pense qu'il les entend mieux, et qu'il en sait mieux que personne les difficultés et les solutions possibles. Elle ne veut pas sans doute que cette action personnelle du roi s'exerce aux dépens de la constitution : les ministres sont là qui répondent et doivent répondre de tout ; ils ne font pas tout, mais ils couvrent de leur responsabilité les actes de la royauté ; ils les acceptent. Joignez à cette acceptation la sanction parlementaire, et vous avez une situation normale, vous avez la réalité du gouvernement représentatif, qui probablement ne provoque pas le talent dans la société pour l'exclure du trône.

C'est donc toujours aux ministres qu'il faut revenir pour leur demander compte de leur existence et de leur conduite. Or, il est clair qu'un homme d'état ne peut être au pouvoir qu'en confondant ses propres idées avec les inspirations royales ; ou n'est pas plus ministre malgré le roi que malgré les chambres. Il est donc insensé de faire un crime à un ministère de son accord intime avec la royauté ; mais l'opinion a toujours le droit d'examiner si les ministres ont raison de rester à leurs postes, s'ils n'achètent pas leur durée par des complaisances anti-constitutionnelles, s'ils remplissent les devoirs d'hommes d'état et de citoyens. Remarquons d'abord qu'à considérer les injures que depuis trois mois et demi certains organes de la presse ont accumulées sur la personne de MM. Molé et de Montalivet, elles égalent bien la somme de celles qui ont été versées sur la tête de MM. Thiers et Guizot ; le *petit ministère* a eu l'honneur d'essuyer le même feu que la *grande* administration du 11 octobre ; sous ce rapport, l'amour-propre des membres du cabinet du 15 avril est à couvert ; ils n'ont pas été moins assaillis que leurs prédécesseurs, et cette égalité d'injures peut servir à prouver que leur situation n'est pas moins constitutionnelle. Je ne saurais vous exprimer jusqu'à quel point, à mon sens, l'opposition de la presse a manqué de tenue et d'habileté dans ses agressions envers le ministère. L'an dernier, tout le monde tombait d'accord sur les faits qui constituaient une situation nouvelle et meilleure. L'amnistie, le mariage du prince royal, les dispositions conciliatrices du cabinet du 15 avril paraissaient au public autant d'éléments d'un heureux avenir que la dissolution vint encore rendre plus facile, puisqu'elle appelait une chambre nouvelle, sans aucun engagement avec le passé, soit pour le blâme, soit pour l'éloge. J'accorde que les événements aient pu tromper quelques espérances ou certaines ambitions ; mais ces contrariétés qu'éprouvaient les partis et les hommes devaient-elles les entraîner dans des exagérations sans profit comme sans excuse ? Qu'a gagné l'opposition à attaquer le ministère du 15 avril, comme s'il eût été composé d'hommes violents, rebelles à l'esprit de leur époque et contre-révolutionnaires systématiques ? Elle n'a réussi qu'à mieux mettre en lumière les actes et la personne des hommes d'état contre lesquels elle se déchaînait. Le public s'est mis à comparer la réalité avec les invectives de la presse, et il a estimé davantage ceux qu'il trouvait dénigrés avec une si révoltante injustice.

Vous savez, monsieur, si ces clameurs ont empêché le public de reconnaître dans M. Molé un homme d'état consommé, qui, mêlé aux événements européens depuis 1806, a contracté par une longue expérience une pratique supérieure des hommes et des choses, une intelligence élevée, trouvant le calme et la sérénité dans les hautes régions où elle se complaît, un cœur vraiment noble qui sait avoir de la chaleur pour ses amis, de l'indulgence

Eugène Lerminier

pour ses adversaires, et de sympathiques inclinations pour tous les genres de talent et de mérite. Si un homme eût dû s'attendre aux ménagements et aux égards de la presse opposante, c'était certes M. Molé, auquel on ne saurait reprocher une élévation brusquement improvisée, que l'Europe reconnaît, depuis la mort du prince de Talleyrand, comme le véritable représentant de la diplomatie française. M. Molé est le premier diplomate du pays, comme le maréchal Soult est le premier soldat de notre armée. Mais nous avons, en France, la déplorable manie de dégrader nos propres illustrations, et d'insulter nous-mêmes ce qu'au sortir de nos frontières nous trouvons l'objet d'une vénération unanime. Avons-nous trop, cependant, de ces hommes glorieusement éprouvés au service de la France, dont les exemples et les traditions doivent être l'enseignement des générations arrivant aux affaires ? Quand les hommes publics sont animés d'un vrai patriotisme, ils ne cherchent pas à s'entredétruire, mais à s'enchaîner les uns aux autres, à se soutenir, à se compléter mutuellement. Ce respect pour les individualités éminentes est surtout un devoir chez les hommes plus jeunes qui doivent d'autant mieux rendre hommage aux prééminences naturelles de l'âge et de la gloire, qu'ils ont plus de confiance dans leur propre avenir.

Ce n'est pas tout : les injustices de la polémique quotidienne, en tombant sur les personnes, portent une atteinte funeste à nos intérêts. Nous voyons des écrivains prendre parti pour l'étranger contre la France : je ne sais quelle cause certains hommes aimeraient mieux épouser que celle de leur pays ; ils seront tour à tour Mexicains, Belges ou Suisses, plutôt que de se montrer Français, Si notre gouvernement, se fondant sur les maximes les plus incontestables du droit public, demande à un pays ami et limitrophe l'expulsion d'un prétendant qui conspire sous le poids d'un pardon, plusieurs de nos journaux ne craindront pas d'envenimer les susceptibilités d'une nation qui se crut, à tort, un instant blessée dans ses droits, parce qu'on lui montrait quels étaient ses devoirs envers un allié. Dans le Nouveau-Monde, un intérêt différent, mais non moins grave, nous occupe. Il s'agit de fonder le droit des gens européen, de le faire respecter par l'ignorance et la barbarie de peuples nouveaux, légers, mutins et cruels comme des enfants. Certains organes de la presse approuvent à peine la légitimité de nos mesures énergiques, ils blâment le ministère d'exécuter à la fois les deux blocus du Mexique et de la République Argentine, comme si nous avions le choix du moment, comme si à deux outrages il ne fallait pas répondre par deux répressions. La question belge, dans laquelle l'Angleterre et la France agissent de concert, est aussi le thème de propositions singulières. A entendre quelques journalistes, tout est perdu pour la France si le territoire belge n'est pas augmenté et si la Hollande n'est pas encore amoindrie. Bon Dieu, monsieur, que cette politique extérieure est profonde ! Comme elle décèle un judicieux pressentiment des possibilités de l'avenir ! Heureusement, en dépit des erreurs, des contresens et des torts de la presse, notre politique extérieure poursuit avec calme et succès sa marche et ses développements. La paix européenne n'est plus aujourd'hui un accident heureux, mais un vaste système à la durée duquel les autres peuples sentent n'avoir pas moins d'intérêt que la France. En Orient tout s'apaise, et nous gardons nos alliés et notre influence tant à Constantinople qu'à Alexandrie.

Peut-on trouver aussi une raison plausible aux attaques passionnées que la presse a dirigées contre l'homme d'état qui siège à côté de M. Molé dans le conseil, et qui partage avec lui la responsabilité politique de l'administration ? D'où vient ce déraisonnable acharnement contre un homme jeune, qui depuis huit ans grandit en expérience et en talent, sous les yeux du public, dans la pratique du ministère et dans les débats de la tribune ; qui, par un tact heureux, une vive intelligence de l'esprit de notre époque, a su se concilier les suffrages des générations contemporaines dont il suit avec sympathie les travaux et les progrès ? Nous le savons mieux que personne, nous à qui M. de Montalivet a ouvert, en 1831, la carrière du haut enseignement, nous qui l'avons toujours vu considérant la révolution de 1830 et le gouvernement qu'elle a fondé comme devant être, pour le pays, pour les générations nouvelles, une source de prospérités et de brillants développements dans tout ce qui constitue la civilisation d'un grand peuple. Il y a dans M. de Montalivet une sève de jeunesse et d'avenir, une facilité à porter les affaires, un remarquable mélange de patience et de décision, qui peuvent faire la joie et l'orgueil de ses amis.

Eugène Lerminier

La grande erreur de la presse est de croire que le public la suit dans ses rancunes ou dans la routine de ses préjugés. Ne voyons-nous pas le gouvernement oser des choses nouvelles conformes aux goûts de notre siècle, utiles à ses tendances, et la presse opposante se faire l'organe des réclamations chagrines du vieil esprit ? Pour vous en donner un exemple, monsieur, que pouvait exécuter de plus avantageux aux fortes études le ministre de l'instruction publique, M. de Salvandy, que d'appeler dans des chaires nouvelles des hommes jeunes et cependant déjà célèbres ? Est-ce montrer du mauvais vouloir pour les travaux et les idées des générations nouvelles que d'élever à l'enseignement supérieur MM. Bergman, Gustave Planche, Ravaisson, Quinet et Marmier ? Je puis vous affirmer que depuis longtemps aucun acte du gouvernement ne m'a paru plus heureux et causé une satisfaction plus complète. L'université a ses traditions et ses disciplines, sa marche sûre, mais parfois un peu lente. Cette grande institution, que nous devons au génie de l'empereur, sera d'autant plus puissante qu'elle recevra dans son sein plus d'hommes d'élite et de sages novateurs. De cette façon, elle pourra présenter au pays le double avantage de la tradition et de l'esprit progressif. Voilà ce qu'a compris le gouvernement, qui, depuis son origine, a eu l'admirable instinct de ne pas craindre les développements de la pensée, parce qu'il a senti qu'à la différence de l'empire et de la restauration, il avait son point d'appui dans l'opinion et dans la publicité. La presse s'est-elle montrée aussi libérale que le gouvernement ? a-t-elle loué avec empressement et franchise les mesures du ministre de l'instruction publique ? a-t-elle applaudi à la création judicieuse de centres d'instruction et de lumières dans plusieurs de nos grandes cités ? Non, monsieur, on n'a pas eu un éloge, ni pour l'administration, ni pour les jeunes et brillants professeurs qu'elle instituait ; on a même accusé le pouvoir de tendre à multiplier les demi-savants et, par une conséquence naturelle, les fausses vocations, en ouvrant de nouveaux cours, en offrant un nouvel aliment à l'activité de la jeunesse française. L'argument est original, surtout sous la plume d'écrivains qui se donnent pour les champions exclusifs du progrès et de la liberté. Que certains journaux y prennent garde : ils marchent, à leur insu sans doute, à un divorce complet avec les générations nouvelles ; à force de labourer toujours les mêmes ornières, de se prélasser dans les mêmes redites, de fermer leur esprit et leurs colonnes à tout ce qui occupe la pensée et l'imagination des hommes jeunes, ils finiront par tomber dans un véritable isolement, et, tout journaux qu'ils sont, à ne plus se trouver de leur époque.

Est-ce à dire, monsieur, qu'il n'y ait pas lieu à une critique raisonnée des actes du ministère ? Vous ne me prêterez pas cette étrange pensée. L'opposition est à la fois dans la charte et dans la nature humaine ; ce n'est pas, d'ailleurs, en notre pays qu'on court risque de la laisser chômer et dormir. Mais il ne suffit pas que son existence soit légale et que parfois le public lui prête volontiers l'oreille, pour que son triomphe soit assuré. Loin de là ; plus elle est libre, plus elle parle avec impunité, plus à son tour elle est l'objet d'un examen sévère ; alors si elle ne tient pas compte de la différence des temps et des hommes, si elle tonne au milieu du calme universel, comme si elle avait à résister à des réactions furieuses ; si elle s'adresse à des hommes d'état d'une probité politique au-dessus de tout soupçon, comme MM. Molé, Montalivet et Barthe, du même ton qu'elle pourrait prendre pour attaquer des ministres prévaricateurs et coupables, elle se déconsidère et se détruit elle-même par les excès et l'injustice de ses déclamations. Je ne crains pas de mettre au nombre des bonnes fortunes du ministère, qui en a déjà trouvé plusieurs dans sa route, l'exagération de ses adversaires. Comme dans notre siècle il n'y a ni position si haute, ni mérite si vrai qui puisse espérer de n'être point attaqué, que doivent désirer tous ceux qui sont exposés au jugement du monde, rois, ministres, écrivains, orateurs, artistes, savants et poètes, si ce n'est d'être mal attaqués ? N'avoir pas d'ennemis est impossible, et d'ailleurs, serait humiliant. Mais combien vous devez vous estimer heureux, si vos ennemis sont aveuglés, si leur fureur les égare jusqu'à vous servir, parce qu'elle provoque dans le public une résistance de justice et un retour d'impartialité. Le public lit les libelles, mais il les juge ; il reconnaît que telle assertion est un mensonge, telle phrase une perfidie ; il permet, il accueille l'attaque, mais il se réserve de la mépriser et de la flétrir, si bien qu'il arrive souvent que, par l'hyperbole de l'invective et de la calomnie, vos ennemis ont amené votre éloge sur les lèvres du lecteur. Voilà le service dont les ministres du

15 avril ont pu souvent remercier leurs adversaires, non pour l'intention sans doute, mais pour le résultat. Il y a trois mois et demi, le ministère avait pour lui la force que donne une session traversée avec le concours parlementaire ; il a de plus aujourd'hui les fautes de la presse et la réaction du public contre tant d'excès.

Un mot maintenant, monsieur, sur la manière dont certains organes de la presse répondent aux écrivains dont ils veulent combattre les opinions. Certes, rien ne serait plus utile qu'une polémique raisonnée entre des publicistes sur des points importants ; c'est ainsi que se formeraient les convictions publiques, et qu'on pourrait préparer d'importantes solutions. Voilà un de ces avantages incontestables que présente la liberté de la presse, et qui pourrait racheter bien des inconvénients. Eh bien ! monsieur, nous ne pouvons en jouir ; nous en sommes frustrés par la mauvaise foi des assaillants. Quelle polémique est possible, quand le journal qui blâme une opinion ne s'attache pas à la réfuter, mais à la falsifier ; quand les bases de la discussion sont altérées ou détruites, et quand un faux, un faux bien caractérisé, vient prendre la place du raisonnement ? Vous savez combien les appréciations des faits politiques sont délicates, combien elles comportent de nuances, combien leur vérité se compose d'éléments divers ; pour les discuter, la plus scrupuleuse exactitude dans les mots est nécessaire ; et le premier devoir de l'écrivain qui veut en réfuter un autre, est de citer loyalement ce qu'il veut combattre. Mais tels ne sont pas aujourd'hui les procédés de certaine presse ; à la lire, on reconnaît clairement qu'elle s'attache moins à éclairer le public qu'à lui donner le change, qu'elle désire moins ramener au vrai ses adversaires que les compromettre dans l'opinion : si un moment elle a pu faire croire aux lecteurs que tel publiciste a dit ce qu'il n'a pas dit, elle estime avoir remporté un beau triomphe. Aussi l'honnête homme qui eût accepté une discussion franche et profitable à tous, s'éloigne avec dédain d'une arène souillée par le mensonge ; et, sans répondre, il poursuit ses travaux avec une tranquille confiance dans l'impartialité publique.

Vous peindrai-je les mêmes journaux qui ne peuvent supporter les contradictions d'un esprit indépendant, adoptant sur-le-champ avec enthousiasme d'anciens adversaires, objets connus de leurs plus vives colères, parce que ces adversaires ont fait éclater leur dépit contre le cabinet du 15 avril ? Dès-lors tout est mis en oubli, et les hommes pour lesquels autrefois on n'avait pas assez d'anathèmes, sont enrôlés parmi les soutiens des libertés publiques. Ces caprices et ces inconséquences ne sont pas acceptés par l'opinion. Vous parlerai-je aussi des fausses nouvelles envoyées en province et à l'étranger, pour que de l'étranger et de la province elles reviennent à Paris ? Vous montrerai-je la presse servant d'instrumentaux inimitiés particulières, aux basses jalousies, permettant à l'envieux anonyme de jeter quelques lignes dans ses colonnes pour injurier une réputation ? Hélas ! monsieur, ces misères, vous les connaissez mieux que moi ; vous avez sondé l'abîme ; vous avez vu de près ces folliculaires impurs mordant la main qu'on leur avait tendue, et qu'ils avaient serrée souvent avec reconnaissance.

Le résultat de cette mauvaise conduite est, pour me servir d'une expression douce, l'indifférence publique. La presse quotidienne, en général, est descendue de la haute importance qui l'avait soutenue pendant longtemps au milieu des épreuves les plus difficiles ; elle en est venue à ce degré d'impuissance, qu'elle ne peut plus aujourd'hui, ni imprimer un mouvement, ni élever ou défaire une réputation. Elle a blasé le goût public ; on la lit sans y croire ; souvent on ne la lit plus, et ses divagations ont amené je ne sais quel engourdissement du sens moral.

Cela est un grand mal, monsieur, car à vos yeux, sans doute, comme aux miens, la presse est un des éléments nécessaires de notre civilisation politique ; et cependant ses fautes lui ont tellement aliéné les esprits, que ses droits sont mis en doute, et les services qu'elle peut rendre, méconnus et niés. Dans la même nation qui, il y a dix ans, ne supportait qu'en frémissant le joug de la censure, beaucoup en sont venus à se demander avec effroi si tout ce dévergondage d'écriture est l'état normal d'un pays. Cette disposition d'un grand nombre d'esprits est fâcheuse, car on ne saurait trop se convaincre qu'il nous faut vivre tous avec les avantages et les inconvénients de la liberté de la presse ; tous, gouvernement et citoyens, pouvoir et société. En vérité, nous conjurerions presque les écrivains qui peuvent nous être les plus opposés, de se réprimer un peu, d'exercer sur leurs passions une censure intérieure. Nous les engagerions encore à faire de leurs journaux, non pas la contradiction, mais le reflet de leur époque ; à suivre les progrès du temps, à ne pas reproduire en 1838 les articles de 1833 et de 1834, à tenter de regagner la faveur publique par des travaux opportuns et sérieux. Il ne suffit pas de répéter tous les matins les mots qu'au rapport d'Aristophane, dans *les Guêpes*, les démagogues avaient sans cesse à la bouche : « Je ne trahirai pas la démocratie, je combattrai toujours pour le peuple. » La démocratie moderne veut être servie par d'intelligents efforts, et le peuple a besoin non pas d'adulations, mais de conseils et de lumières.

Vous avez compris, monsieur, cette noble mission de la presse politique, et vous travaillez à y faire face. Vous vous employez, vous, vos amis, vos collaborateurs, à rassembler sur des questions graves des éléments de conviction et de vérité. Si, en France, en Europe, on lit avec estime les pages de votre recueil, c'est qu'on y trouve les résultats d'études politiques consciencieuses et fortes ; vous ne déclamez pas, vous instruisez ; vous vous proposez d'être, pour ainsi dire, le rapporteur officieux des problèmes politiques qui se partagent les soins du gouvernement et l'attention de la société. Cette ambition n'est pas médiocre, mais elle ne vous messied pas, à vous, monsieur, qui depuis sept ans avez ouvert aux talents les plus divers de notre époque un centre commun, une tribune. Le lendemain d'une révolution, quand quelques passions, plutôt excitées que satisfaites, tentaient encore de nouveaux appels à la force, vous n'avez pas désespéré de la pensée, vous avez voulu la dégager et la sauver de ce conflit violent où elle se trouvait opprimée et comme ensevelie. Vous vous êtes adressé aux hommes de votre temps, aux plus illustres comme aux plus jeunes ; vous avez obtenu des premiers de ne pas jeter la plume, vous avez mis aux autres les armes à la main. Plusieurs de nos gloires les plus récemment écloses vous doivent beaucoup. Vous étiez animé, soutenu par vos sympathies pour le talent partout où vous le découvriez, ainsi que par un goût heureux et sur pour juger les œuvres de l'esprit. Quand, il y a deux ans, les derniers cris de nos troubles civils ont expiré, vous avez porté dans l'examen de la situation politique la même justesse que dans la direction des travaux littéraires ; vous avez reconnu qu'une époque nouvelle commençait, et que les vieux partis, devenus la proie d'une décomposition irrésistible, tombaient sous l'action du temps : alors vous vous êtes demandé avec vos amis, si dans cette position neuve des hommes et des choses, il n'y avait pas à commencer des travaux d'une application plus immédiate, à tenter d'associer à la littérature et à la philosophie une politique pratique à laquelle vos habitudes de périodicité vous permettraient de donner à la fois consistance et opportunité. L'an dernier, un cabinet conciliateur et libéral a pris la direction des affaires ; vous n'avez pas mis votre patriotisme à accueillir son avènement et ses débuts par le dénigrement : vous n'avez pas demandé la règle de votre conduite aux différentes injures jetées successivement à la nouvelle administration. Pendant qu'on l'accusait d'être un petit ministère, vous reconnaissiez dans ses membres des hommes d'état considérables, d'une habileté qui depuis a pu défier tous les dédains. Si l'on disait ensuite que c'était un ministère de cour, vous touchiez au doigt le mensonge de cette imputation, en voyant avec quelle religion le cabinet du 15 avril cherchait en toute matière à s'assurer le concours parlementaire, avec quelle persévérance les chambres lui avaient prêté leur appui. Si enfin les opposants aux abois risquaient cet absurde cri de *ministre corrupteur et corrompu*, vous constatiez la bonne foi des partis qui avaient d'abord reconnu les ministres du 15 avril pour d'honnêtes gens, et qui ne leur retiraient aujourd'hui la probité que parce que leurs succès les exaspéraient ; mais il est trop tard, et l'opinion publique ne se prête pas à ces volte-face de la calomnie. D'ailleurs un intérêt même supérieur à l'existence du cabinet actuel vous a frappé : vous avez pensé, monsieur, que le mouvement révolutionnaire était consommé pour la France du XIXe siècle ; que notre pays, pour organiser ses prospérités intérieures et sa grandeur vis-à-vis du monde, sentait le besoin de renoncer aux convulsions stériles, aux agitations sans dénouement, et de trouver son équilibre dans le système de la monarchie constitutionnelle. Voilà une conviction suprême qui montre que vous n'entamez pas l'œuvre d'un jour ; mais pour être laborieuse, cette tâche n'en veut pas moins être poursuivie, car là sont aujourd'hui la vérité, le patriotisme et l'intelligence.

Agréez, monsieur, etc.

LERMINIER, 12 Octobre 1838.

ISBN : 978-1976475856

www.ingramcontent.com/pod-product-compliance
Lightning Source LLC
Chambersburg PA
CBHW070735260726
48660CB00007B/2867